# 个体价值变现

## 从0到1打造你的个人商业模式

毅 菲◎著

中国铁道出版社有限公司
CHINA RAILWAY PUBLISHING HOUSE CO., LTD.

**图书在版编目（CIP）数据**

个体价值变现:从0到1打造你的个人商业模式/毅菲著.—北京:
中国铁道出版社有限公司，2020.10
ISBN 978-7-113-26973-9

Ⅰ.①个… Ⅱ.①毅… Ⅲ.①创业-研究 Ⅳ.①F241.4

中国版本图书馆CIP数据核字（2020）第108429号

**书　　名：** 个体价值变现——从0到1打造你的个人商业模式
GETI JIAZHI BIANXIAN——CONG 0 DAO 1 DAZAO NI DE GEREN SHANGYE MOSHI
**作　　者：** 毅　菲

**策划编辑：** 巨　凤　　**读者热线：** (010)83545974
**责任编辑：** 王　佩　巨　凤　　**编辑助理：** 王伟彤
**责任校对：** 焦桂荣
**责任印制：** 赵星辰　　**封面设计：** 仙境

**出版发行：** 中国铁道出版社有限公司（100054，北京市西城区右安门西街8号）
**印　　刷：** 三河市兴达印务有限公司
**版　　次：** 2020年10月第1版　2020年10月第1次印刷
**开　　本：** 700 mm×1 000 mm 1/16　**印张：** 14　**字数：** 200千
**书　　号：** ISBN 978-7-113-26973-9
**定　　价：** 55.00元

# 推荐序一

如果说生命是一场旅程，那么开启这趟旅程有三种方式。第一种，选择志趣相投的伙伴一同前行。第二种，一个人背着行囊独自上路。第三种，将自己交给全然无法掌控的一个旅行团。你会选择哪一种呢？

我自己酷爱创业。第一次，从上海国宾医疗的投资人变成了爱康国宾的联合创办者，实现了财富自由。第二次，创办以诺教育，开启一段以财富智慧温暖人生之旅。当下我依然在创业的征程中。

创业的人生五味杂陈，但绝对值得你去做一次尝试。牛毅菲，这个闪动着一双热情又灵动的大眼睛的姑娘，在我创办以诺教育的第二年，成了我的创业伙伴。记得她第一次独自承担与沃顿商学院的合作投资课程，她的认真、勤勉与执着，就给我留下了深刻的印象。接下来她又以一个创业者的姿态承担了创始人成长营——一个颇受欢迎的创业教育项目。如今，她将自己创业的经验和教训总结起来，赋能创业者成长，创业教育体系化的课程并担任创业教练，用近两年时间，将创业过程中积累的丰富心得体会书写成这本《个人价值变现》的红宝书。

我衷心期待，您可以通过这本书的阅读，选择好自己的人生旅程，走上一条将个人兴趣、天赋与职业相结合的幸福人生旅程。

——爱康国宾、以诺教育、叮诺科技创始人　谭文清

# 推荐序二

这是一个个体群起云涌的时代。得益于时代，我们的个体价值有了缤纷多彩的体现。大众创业、万众创新，激励着人们选择自由职业。但行动中，我们依然会不断经历的这样那样的问题和困惑，比如：

自由职业/创业的动力是什么，自己是否合适自由职业/创业，需要做什么准备；

个体优势的寻找、培养和提升；

个体靠什么来变现，变现的模式，如何持续变现；

如何持续打造个人核心竞争力；

用户画像与探索、MVP验证与迭代、产品价值的塑造；

个体品牌的建设和传播、产品和服务的营销推广；

是否需要扩大规模，如何组织创业团队，需要什么方面的人才，如何吸引需要的人才；

如何和他人合伙、利益的分配；

…………

初见毅菲时，她刚刚研究生毕业进入一家知名外企，当时我们给他们这一期优秀销售管培生的培训，她就给我留下了非常深刻的印象。有创造力、善于思考、沉着冷静，浑身散发着一种勇气和智慧，十多年来，我见证了她在不同关键时刻的选择。

这本书就是她近些年来的沉淀和结晶。作为创业了20多年的我来说，看完同样能有共鸣。我想，这对于当下无数的“90后”“00后”思考是否及如何创业会有实质性启迪和帮助。毅菲自己仍然身体力行地走在这条光明大道上，相信她还会持续总结并分享在这条路上的点滴，痛苦、快乐和欢笑。

——环胜咨询创始人、变革实战专家、企业家教练　薏翎

# 其他推荐人

和毅菲相识于诺亚财富的以诺创业营，她作为主办方，邀请我给以诺的学员上股权课。后来毅菲离开以诺，我们几个合伙人一起创办了以正合咨询公司。她比较擅长从0到1，做了很多创业项目，对产品和模式比较有感觉。我一直在大公司做管理，擅长企业从1到N的规模复制。很高兴她能在自己的领域一直梳理总结，并探索出适合个人的创业路径，尤其适合有技能有专长的个人。如果你也想开创个人事业，推荐深度阅读这本书。

——以正合咨询创始人，《股权是1》作者，英诺天使基金运营合伙人　王坤

十多年的投资过程中见过形形色色的创业者，相对成功的创业者有一个特点，他们在大学甚至更早就开始创业，哪怕是很不起眼的小生意。每每看到他们，就会感慨自己。为自己打工，做自己的CEO是未来很多人的选择。如何迈出第一步，未来的道路上还会有哪些坑，都是想创业的人需要考虑的重要问题。毅菲是一个很早创业的人，做培训接触过很多创业者和自由职业者，对于个体如何培养自己的独特价值、如何变现自己的价值有深刻的思考和理解，也帮助过身边很多朋友成功转型成自由职业者。相信通过这本书，向往自由的你能够收获很多。

——英诺天使基金合伙人、天使投资人　付利军

这是一个VUCA时代，唯一确定的就是个人能力的提升，而个体价值变现是个人能力提升的最好手段！个体价值变现在很多人看来可能是比较遥远的事情，其实那只是个人能力复利效应的体现。目标唯一的价值就是让通往目标的过程变得有意义，找到自

己的金钥匙，all in，让你的个体价值成为你的持续收益池！

——梦百合零压房联合创始人　混沌大学酒店行业创新商学院执行院长　刘乃钢

在商业变现追逐的当下，能够有一本《个人价值变现》的指导书可以说恰逢其时，毅菲在这本书中给出了细致的实操指导，认真拜读后发现受益良多。最近几年我在做创投和创服的工作中一直倡导迭代式创新、将科技变革应用于商业化场景，理念上和毅菲异曲同工，但和我的“坐而论道”不同，毅菲花了很多功夫并结合过往案例给出具体操作步骤，可谓“做而论道”，更具实际指导价值！在这个不存在怀才不遇的时代，相信这本会让更多潜在发光的金子的价值更好变现从而获得更多“金子”！

——硅湖基金会理事长、飞马旅合伙人　纪忠杰

如何变现生命的价值？开发觉性、开发觉知、如人得宝、照亮其心、磨砺其艺，如掘其金，呼应社会之需，致知时代之音，成为日常道用，化为喜闻乐见。

毅菲以其鲜活的躬耕实现着个体价值变现之道。

——本元智库创始人、生命定位专家　徐涛

未来已来，将至已至。2020年，注定是人类历史上不平凡的一年，自由职业不再是不切实际的幻想，而是可操作、可执行的梦想。未来的社会生活方式和组织形态注定不同，某种程度上这种不同，即建立在个人价值极大彰显之上。

我本人也受到毅菲老师的启发，一直在个人价值提升的道路上探索。难能可贵的是，她能将所思所想从灵机智慧化为方法论，分享给更多人，这本身亦是一场自由职业之路上的精彩实践。

——薪传学堂创始人、金融实战培训专家　王羲侹

# 前言

大学时期，我看了一本颠覆20年人生认知的书，叫作《穷爸爸富爸爸》，书里面讲到了一个关于老鼠赛跑的故事。故事里的老鼠被比喻成终身辛苦工作赚钱的人，只知道用时间来换钱，但随着结婚生子、赡养老人等系列事情的发生，发现再怎么努力工作，赚到的钱都不够用。就像老鼠掉进了陷阱，怎么跑都跑不出这个怪圈。

作者罗伯特·清崎说，有两种致富的方式可以不让人成为那个陷入怪圈的老鼠：一种是投资；一种是经营企业，建立一个自己会赚钱的系统。

我把这句话深深印在了脑海中，当时就想，我未来的人生目标就是要建立自己的赚钱系统，不要像那只可怜的老鼠。

于是，大学毕业一年后我开始正式创业，没有任何做生意的经验和背景，我对经营企业也只有模糊的概念。当我想在上海开店时，全家人都反对，尤其是我爸，觉得我放着外企的工作不干偏去做什么小生意，脑子简直是坏掉了。

可是我那时候主意已定，十头牛都拉不回，一股脑就把钱全部用来付店租和进货，在上海开了第一家创意家居生活馆。结果没想到，因为方向不错，选品也够准，第一天就门庭若市，3个月就收回了第一笔投资。

当时的我自信满满，梦想着快速开多家连锁店。于是，两年内我一共开了 3 家连锁店。要知道我是在北京上的大学，对于上海几乎完全陌生，在没有任何资源的情况下做成这样也算不错了。

可是没想到，当我开始雇人开店之后，根本不像当初自己做的时候，生意开始一落千丈，店铺开始赔钱。我很纳闷："为什么还是同样的东西，不同的人却卖不出去呢？"我非常着急，不知道该怎么扭转局面，于是心灰意冷，一下把 3 家店全部关掉了。

虽然有事业未成的很多遗憾，但这次创业经历却弥补了我没有商科背景的不足，让我对商业有了感性上的认知，对商业类的知识也产生了浓厚的兴趣。

接着我又做了一个小创业项目，在全球最大的手工网站 Etsy 上开了一家设计师网店，出售原创手工作品和电子教程。

没想到这个项目的商业模式非常不错，直到后来我不做了，好几年内还一直有美元收入进账。

也正是那个时候，我看到了很多国外有意思的先进互联网模式，开始对商业模式产生浓厚的兴趣。

经历了这两次创业项目之后，我更想去学习管理。本来想去商学院读MBA，后来意外成为新加坡国立大学商学院亚太EMBA课程中国大陆区经理，负责国内市场。学习该课程的学员大多是上市公司的董事长、企业创始人或高管。

对我来说这简直是两全其美的差事，不但有机会去旁听价值50多万元学费的课程，还能近距离跟那些企业家沟通，了解他们成功背后不为常人所知的秘密。

在商学院工作了几年后，我喜欢上了教育行业，但觉得不过瘾，我希望能亲自操盘教育培训类的项目。正好一位前同事帮我引荐了诺亚财富新成立的子公司以诺教育的董事长，也就是我后来的直属老板，他是一位成功投资过6家上市公司的投资人。后来我顺利进入这家纽交所上市公司旗下的初创教育公司。

公司当时几乎什么产品都没有，我如愿以偿从零开始成功做了十几个产品，包括几天的短期投资类课程、十几天的海外游学项目以及为期近一年的创业类学习项目。尤其是2015年开始，我专门负责创业营产品，这可以算作迷你版的商学院课程了。通过操盘整个项目，我对创业也有了更深的感悟。

创业与传承训练营

我发现，其实创业、投资和很多技能一样，都需要持续学习和实践，才能不断精进。

至此，我一共经历了两次个人创业、一次上市公司的内部创业，拥有了8年商业教育领域的经验。2018年我正式辞职，跟合伙人（一位天使投资人）一起创办了咨询公司，开始第三次创业，主要服务于天使融资后成长期的企业，为他们提供商业模式以及股权架构设计、战略规划等相关的咨询培训服务。与此同时，我开始研究个人商业模式，我坚信未来是个体崛起的时代，将会有更多人凭借自己的能力开创事业，活跃于商业市场。

我在公众号上分享了这些关于个人创业领域的内容后，获得了不少关注，得以有机会接触到很多个体，了解到他们的发展现状与困惑。

结合自己十几年来摸爬滚打的经验、商业理论的研究，以及与群体的深度交流和对他们的观察，我总结出了一套个人价值变现的体系和实践方法论，写出了本书，希望能够帮助更多有梦想尤其是有技能的个人实现价值变现。

# 目录

02

## 第2章 自由之路开始启航



03

## 第3章 向高管级收入进军

04

## 第 4 章 自我挑战，从个人管理到公司化运作

# 引言

回到前言中我提到的《穷爸爸富爸爸》那本书，书里有一个著名的四象限，如下图所示。

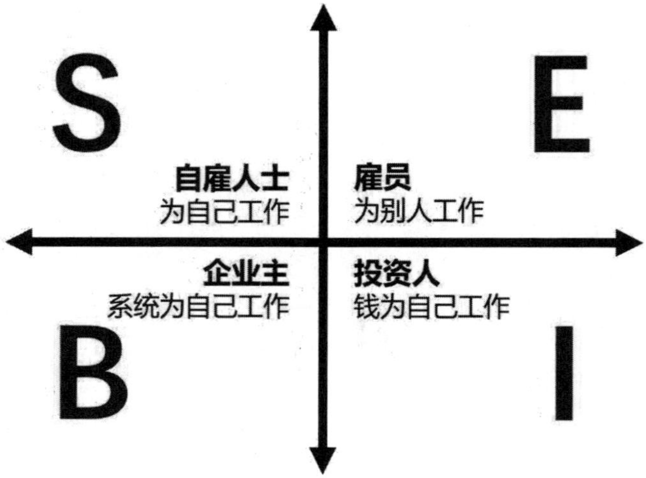


第一个象限是E，也就是雇员，是为赚钱而工作的，就像开头我说的那只老鼠，是最不容易走出怪圈的。他的工作时间与收入完全掌握在别人手中。

第二个象限是S，也就是自雇人士，很多自由职业者就是这一类。他们是真正在为自己工作，时间掌握在自己手上，做得多赚的多，做得少收入自然也会相应减少。

第三个象限是B，指的是企业主，他不再是靠单打独斗，而是有了一个团队，可以形成一个强大的赚钱系统。这是罗伯特提倡的致富方式，当然前提是企业主要经营得好，才能让团队自己运转。关键是很多小企业完全不能自运营，企业管理者依然累得像狗一样，还没有S象限的人赚得多。

第四个象限是I，指的是投资人，他们让钱生钱，利用各种投资工具赚钱。

这也是作者提倡的方式，但是投资是门大学问，需要持续不断的学习和实践。什么都不懂就乱投资的人，通常都会血本无归。

很有意思，这几个象限我都尝试过，发现对于普通人来说，风险最小的方式是具备一定能力后从 E 先到 S，也就是先从雇员到自雇人士，然后再从 S 到 B，也就是从自由职业到组建团队企业化运作。也可以从 S 到 I，边做自由职业边理财，把赚到的钱继续投资，让钱生钱。

由此，我把它总结成个体价值变现的有效路径，一共有五个阶段：

第一个阶段：每个人都需要找到自己想发展的技能，最好是能结合自己的优势。

第二个阶段：尝试用这项技能变现。顺利的话，你可能每月能赚到几千或上万元，甚至年入十几万元。

第三个阶段：从兼职或副业过渡到自由职业，优秀的自由职业者可以达到年入百万元的级别。

第四个阶段：如果不满足自由职业的状态，希望挑战更高的目标，可以组建团队进行正式公司化运作。通常这个阶段对自由职业者考验比较大，因为带团队跟自己一个人做是完全不一样的。很多人在这个阶段会不适应，甚至会感到巨大压力。如果尝试后，明确了自己不适应团队的方式，再回到原来的个人状态也是完全可以的。

第五个阶段：如果能选对合伙人，克服初创早期的困难，建立合理的分工机制和收益分配机制，就能逐渐发挥出团队的力量，实现 1+1 ＞ 2 的效果，完成从自由职业的个体身份到企业创始人身份的转变。如果经营良好，企业就有可能成为一个自动运转的赚钱系统，这个阶段的收入能力也会倍增。

这五级台阶可以一级一级迈，也可以跳级，根据个人的发展情况而定。

**个人技能拥有者成长路径**

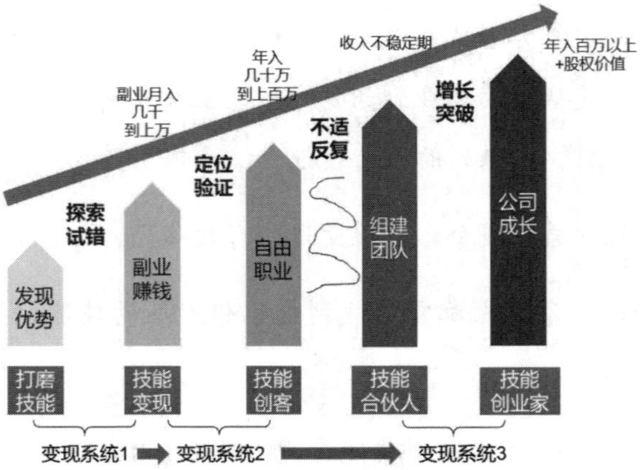


从去年开始我就辅导了一些个人创客，目前他们都达到了不同的层级。比如 65 岁的悠外婆，其实是我已经退休的妈妈，她的独特技能是各种手工，她从十几岁就开始缝纫、编织、绣花等。2018 年 1 月，她开始玩火山小视频，于是我鼓励她发布自己手工方面的作品。半年后，她就有了 3 万粉丝。我指导她尝试变现，接手工高级定制的订单。后来我又教她顺利做出了自己的手工教程，招募了 2 期粉丝学员。目前她已经有 6 万多粉丝，她说自己从来没有想到退休了还能用特长赚钱。现在她的状态特别好，每次发布作品都有很多粉丝给她点赞评论。她觉得世界变大了，退休生活也更充实，非常有成就感。

还有一位 90 后女生，我跟她刚认识是在去年 5 月份，她还在公司上班，兼职做自己的画画训练营，一年的副业收入跟她上班工资差不多。当时她很迷茫，不知道是否要辞职出来创业，一方面她觉得自己对工作已经完全没有兴趣了，另一方面觉得出来又要面临风险。后来我鼓励她出来试一试，她想了两个月后正式辞职。本来还很忐忑，没想到3个月的时间她的业务就突飞猛进，到年底已经完成了原本计划的3年目标。2019年3月份她还成功融到了第一笔资金，建立了自己的小团队，简直是火箭式的成长和发展。

除了她们，其实每个人都有机会，也能够开启自己的自由之路。只要找到自己的优势，培养或发展那些优势技能，尝试找到适合自己的变现模式，就能开始价值变现了。

个人价值变现是有方法可循的。如果能按照本书中合理的步骤和动作进行，就能够有效转化个人价值。这里的逻辑跟创业是一样的，我把这个商业闭环分为两个阶段，第一个阶段是技能产品化的阶段，第二个阶段是宣传推广规模扩大的阶段。

大部分人可能都卡在第一个阶段，要么可能是找不到能够变现的技能，要么是有技能做不出产品，或者是做出的产品没人买。我会在本书第1章和第2章中详细讲解每个人都可以尝试的可行方法。第1章主要讲如何发现和培养优势技能，为将来的自由职业或创业做准备。第2章主要讲如何把技能变成可交付的产品，也就是技能产品化。

完成商业闭环的第二个阶段是营销推广，也就是把产品卖出去，而且要能不断地卖给更多人。

这是很多有能力做产品的人甚至企业所欠缺的能力，尤其是一些技术型团队，往往也缺乏营销人才。这部分内容我会在第3章详细讲解，帮助大家放大价值变现的能力，打造个人品牌，向高收入进军。

第4章我会主要讲解如何选择合伙人、组建初创团队、帮助自由职业者向企业创始人的身份转变，从而实现收入倍增。

总之，这是一本行之有效的个人价值变现指导书，根据这套理论我已经成功指导了几十位独立的个体。他们有的找到了自己擅长的领域，持续打磨技能尝试价值变现；有的已经成为本领域的专业人士，通过出书等方式建立起个人品牌；还有的已经组建创业团队，开始运作企业。

我相信，如果你也愿意根据书中给出的方法去尝试，一定能够尝到价值变现的成果。当然，在此过程中肯定会碰到各种各样的困难，也欢迎你关注我的公众号或加我的微信跟我交流。我也会建立专门的社群，帮助更多人走好价值变现之路。

# 第1章

# 迈向自由职业之路

# 1.1 太多兴趣爱好，乱花渐欲迷人眼

你身边是不是有些人，介绍自己的时候总有多重身份，他的本职工作可能是 HR 经理，但还身兼多职、跨界发展，可能还是瑜伽教练、情感博主……

看到别人这么多斜杠标签，你可能会心生羡慕，为何他们能够拥有多种技能，过着如此丰富多彩的人生呢？

于是你变得焦虑，恨不得自己的生活一下子也闪闪发光，赶紧让自己下班后的生活忙碌起来。你开始各种报班学习，期待自己的未来也能够四面开花。

## 1. 我早期的故事

我曾经也是个特别喜欢新鲜事物的人，一开始接触画画、手工、运动、

设计等兴趣时都曾狂热过一段时间，有些确实也都能折腾着赚些小钱。

包括十几年前我的两次创业，也全是兴趣所致。

喜欢创意小物就四处找货源，在上海最繁华的地段开起了创意家居店。两年内从一开始十几平方米的小铺开到了 3 家连锁店。

喜欢外国人的精美手作，就去疯狂研究学习，后来在全球最大的设计师网站 Etsy 上开了自己的原创手工店铺，出售自己的手工作品以及教程，从零基础到把产品卖到全球，开始赚美元。用时髦的话讲，这也算是跨境电商的一次创业。

这两次由兴趣所致的创业，都让身边的人对我做的事情羡慕不已，觉得我虽出身理工科，却还有点经商的小天赋。

对于自己各种随心所欲的爱好，每次我都会买回全套专业的工具，因为我觉得“工欲善其事，必先利其器”。要画画，就去搜集各种名牌彩铅、马克笔等；要做手工，就去买最贵的日本产针线、剪刀、布料等。用我家先生以前的话来说，每次我都是专家级的配置，初学者的热情，坚持不了多久的。但每次我学新东西都挺快，很容易就能上手，好像每一样我都有很大希望变成专家似的。

我的前两次创业都源于兴趣，第一次三年多，第二次一年多，比大多数人的纯兴趣爱好坚持得久一些。我想可能是因为刚经营没多久就赚钱，这种正反馈在早期极大地激励我快速发展。而后期只剩下赚钱的欲望，让我逐渐忘记了创业初心，也没有在主业上精进，当生意没有增长持续下滑时，我就无心继续经营而选择放弃了。

自从那两次创业之后，我一直在反思，为什么有些人也是由兴趣起步的小生意却能成长为大品牌的企业家，而我却只能小打小闹。

### 2. 什么是真正的兴趣

安吉拉·达克沃思的《坚毅》（Grit）这本书里有个观点我非常赞成。

她把兴趣分为两种。

（1）初学者的兴趣

就是你看到一个新奇的东西会觉得挺有意思，想要去了解一下。但是这个兴趣是肤浅的，不能支持你走很远。下次你看到更有趣的东西时，就会立马忘了这个东西。

（2）专家的兴趣

这个兴趣是只有当你深入一个领域之中，才能体会到一些难以表达的东西。它不是新奇的刺激，外行根本就理解不了。

深入钻研是个充满痛苦的过程，越深入进步速度越慢。就好像你本来数学随便学学就能考到 70 ~ 80 分，但是如果你想考到 90 ~ 100 分就没那么容易了，得下苦功。

一旦你深入某个领域，就会面临挫折、困惑，甚至批评。你会感到自卑，会质疑自己的能力……但也正是这些东西能让你成长。你会严肃地对待，保持敬畏之心，愿意克服困难、持续精进。

所以，一旦你对某个领域产生专家级的兴趣时，它会强烈地吸引你继续钻研。就好像玩游戏升级打怪一样，你不怕那些通关路上设置的障碍，你的目标就是清除它们，你心甘情愿熬夜研究攻略，一关关升级直到打通关。你会越钻研越感兴趣，越感兴趣越钻研。你愿意在这个领域里深耕挖掘，有所成就，成为最顶尖的那 20% 的人才。

专家的兴趣才是真正的高级兴趣。

### 3. 我近期的故事

回想我第二次创业结束，机缘巧合进入了商业教育领域，发现自己更喜欢也有兴趣，于是就做到了现在，掐指一算已经差不多 10 年了。我想这应该就属于安吉拉·达克沃思所说的第二种兴趣。

在新加坡国立大学商学院做了三年多中国区 EMBA 课程市场业务，我觉得不过瘾，想独立操盘教育类项目，就进入了纽交所上市公司诺亚财富旗下的初创子公司以诺教育。当时以诺教育刚成立不久，公司几乎没有成熟的产品，我如愿以偿地开始设计新产品并负责运营业务。

2015 年我做了十几个不同类型的海外短期游学项目，包括投资类课程、海外亲子游学、欧洲静心之旅等，可以说收获很多，但整个人身心俱疲。

带学员在阿尔卑斯山

我意识到这些项目的目标客群不同，所需要整合的资源也千差万别，精力太过分散，导致每个都做得不精，也不利于自己的专业积累。

于是，从第二年开始，我选择聚焦做国内创业教育类项目，不再做海外游学。当时很多同事都想做海外游学，国内项目从 0 到 1 没人愿意领衔。我深知自己的优势在哪里，也希望专注在一个领域发展，发挥自己的优势形成核心竞争力，对此无帮助的都尽量减少。当然公司毕竟不是我开的，虽然我想全力做国内创业项目，但有些重要的新开国外项目老板希望我去支持时，我自然得去支援。只不过在整个过程中我都明确地跟老板争取，尽量只专注做创业教育以及相关项目，逐渐积累势能。

其实，选择放弃诱惑本身就是重要的决策能力。在不同的发展阶段，需要清楚地知道对自己最有价值的工作是什么，需要集中提升哪方面的能力，这样才能聚焦发力，放大这个过程的价值。

很多人都会经历爱好很多、兴趣很杂的阶段，这种情况很普遍，正如十年前的我自己。但也正是因为这段经历，我才知道聚焦的重要性，才特别想去探索自己真正有兴趣的方向，才会深度思考，禁得起诱惑和考验。

如果你发现自己正处于这个阶段，也不用着急，前期的多种尝试和探索是为你后面的聚焦发力铺路的。你可以仔细盘点一下，到底自己想要长期专注的领域是什么，即使遇到困难都想要钻研的领域是什么。

但也请记住，在没有亲自接触前，只是看了别人的经历和成就而产生兴趣还不算数。因为没有进入一个领域，就无法预料发生在自己身上的困难到底可能有哪些，每个人的特质都是不同的，别人的容易在你身上可能就是过不去的坎儿。

所以请你最好在尝试一个领域一段时间后再做出方向选择。

如果你现在还在校园，那么恭喜你，有大把的时间可以去尝试那些令你看起来心动的事情，尤其是可以通过短期实习就能获得一手经验。通过有意识地接触或尝试几个不同领域，评估出接下来几年你最想深入发展的领域。想办法加入有前景的公司，潜心学习钻研，一定会为你的未来打下良好的基础。

如果你现在已经进入职场多年，也不要灰心，可以利用业余时间去尝试，其实什么时候都不晚。我的这本书就是写给你们的，我会一步步告诉你，该如何找到属于你自己价值变现的金钥匙。

# 1.2 别空谈梦想，先去体验再说喜欢和热爱

如果你问别人，你的梦想是什么？相信不少人都会回答，开一家花店、咖啡厅或者奶茶店之类的。听起来很浪漫对不对？

我认识一位“85 后”男生，前几年把浦发银行的铁饭碗辞掉，在上海开了一家奶茶店。

因为他特别喜欢研究饮品，所有配方都是他自己调配的，牛奶选用的是品牌牛乳，茶叶也是精挑细选出来的。

毕竟是个人开的街边小店，没有连锁品牌那么大的影响力，那时候新茶饮还没那么流行，所以他的生意还不错，赚来的钱养活自己没有问题，可是再招员工就有困难了。

作为门外汉的你，看起来他很浪漫地开了家奶茶店，实现了你心中的

梦想对不对？

但目前这个阶段，店铺内所有的事情都必须是他亲力亲为。比如，每天上午 10 点开门，晚上 10 点关门；除了做奶茶，他还要利用空余时间进货、研制新品等。

另外，他没有休息日，也没有节假日。这样的状态对他来说，可能还得坚持一两年，远比上班辛苦多了。

如果你也想开家店，那真得好好想一想，这样的生活方式能接受吗？

这样的例子还有很多。

一个从美国哈佛大学毕业就进入管理咨询公司的女生，工作两年，参与配合各种大项目，但却始终找不到成就感。

她逐渐意识到这不是自己理想中的职业。她热爱烹饪，平时喜欢做吃的，被身边的人称为“巧克力曲奇女孩”，自己也很有兴趣进入餐饮业。

于是她下决心转型，获得了一份给名厨打下手的工作，从最底层的学徒开始做起。

她在厨房跟着厨师长一起学习各种需要学的新东西，比如摆盘装饰、如何安装和使用各种烘焙设备。厨房里的活儿又脏又累，烦琐而复杂。

但经过几个月之后，她从内心深处确定，自己是真心喜欢这个行业，而且想尽力做好。

她每做一份面包都会仔细切片、精心摆盘，然后送上餐桌。当客人说很喜欢某道菜的时候，她会满心欢喜，觉得体会到过去职业生涯中从未有过的满足感。

后来经过多年的辛苦努力，她在美国创建了知名连锁烘焙品牌 Flour。

所以你在谈梦想的时候，是不是真的了解，要实现你的梦想需要花费多大的努力，需要忍受多少别人难以忍受的辛苦呢?

你对有兴趣进入的行业，是不是真的去做了研究和调查，甚至亲自去体验过呢?

如果你真的打算做出重大的转型改变，那就很有必要在做出决定之前，在这个领域找到机会去实践。

比如你有一份别人看来不错的工作，但你却说喜欢烘焙，想转行从事这份职业。要知道开个烘焙西点店可跟你在家自己烤个蛋糕完全不一样。你最好找个店先去当学徒实习一下，再说你是不是真的想要进入这一行。

转型期间你要考虑很多因素，假如你是刚入职场不久的年轻人，直接辞职去尝试一下，机会成本倒也不大。

可如果你有较大经济压力的话，就要慎重考虑了。最好的方式就是利用周末或者是兼职体验一段时间。

转型并不是一蹴而就的，如果你不亲自去试一试，就很难了解自己是不是真心喜欢某一份新行当。

所以，短期职业体验，可以帮助你避免付出高昂的试错成本，同时也避免让你浪费有限的宝贵时间和精力。

# 1.3 学会从优势出发寻找个人定位

## 1.3.1 千万别忽视自己的金子

我的一位朋友在一家上市广告公司集团做 HRD，她有多年的 HR 经验，可以说是阅人无数的老法师。

前段时间我们在咖啡馆见了一面，她想转型做自由培训师，遇到困惑来找我咨询。

她告诉我说，为了心里的这个愿望，她一直在储备相关技能，几乎每周都去参加各种学习沙龙或培训，绝对比那些年轻人更努力认真。

因为虽说做了这么多年 HR，培训也算是 HR 领域的内容，但是与做专职培训师还是有一定差异的。

听到这里，我不得不心生敬佩。根据她的描述，我可以判断她在培训技巧上已经掌握得不少了，至少不逊于市场上很多初级培训师，未来完全有潜力胜任培训师这个角色。

但她还是自信心不足，觉得还需要再去提升。最要命的是在培训方向的选择上，她一直没找到感觉。好像对很多领域都有兴趣，又好像每个方向都没信心讲好，总是拿自己的劣势跟那些厉害的专业培训师对比，越比就越没有自信。

于是我跟她说，咱们抛开培训师这件事，先来看看你的优势。她说自己以前做过相关的测试，结果显示她有很强的亲和力，愿意跟人沟通，知人善任。在现实工作中，只要经她手推荐的高级人才，老板那里都好用。

我问她："亲爱的，那你面试都怎么面的啊，这么厉害！"她说："其实，很多人见一面，聊几句，就差不多心里有数了。"

我继续问她："那你能不能讲讲识人用人这方面的内容呢？"

她愣了一下后回答说："以前还真的没往这方面想过。"

其实，往往我们总是看得到别人的长处，觉得自己不如别人，却忽视了自己身上宝贵的金子。

我接触过很多创业企业，可以说，每家公司都缺人才，很多老板都不会面人、不会选人，一着急就匆匆忙忙让新人加入了。

开始时欢天喜地，觉得都是人才，没多久又不满意，要么觉得不是公司需要的，要么觉得根本不像面试时候说的那么好。结果浪费了双方的时间，企业还要为此付出更多的时间和金钱成本继续招聘。

找到合适的人，对公司来说绝对是头等大事。市场上有巨大需求。

所以，我帮她重新进行了个人定位的梳理，建议她先从人力咨询顾问开始。定位清晰后，很快我就帮她成功介绍了一位企业客户，一家创业公司邀请她兼职做人力顾问。

况且，如果她还能给企业做自己擅长的选人用人方面的培训，肯定也是有市场的。这样她不仅能给企业做顾问，还能帮助企业培养管理者的技能，能发挥出自己多年积累下来的经验和优势。这才是她自身的金子啊。

## 1.3.2　从优势出发，找到你的金钥匙

我相信很多人都听过“发挥你的优势”这样的话，但是又有多少人真正这么做了呢？相反，我们总是倾向于关注自己的劣势，也就是我们做得不好的地方，或是需要改进的地方。我们往往认为克服自身的缺点才能让自己变得强大，走向成功。

就像前面这位 HRD 朋友，她的焦点都放在自己的不足、别人的优势上了。

很多时候你的意愿是好的，你想要成功，想要变得乐观、快乐，但是你的出发点却不对。正确科学的做法应该是，我们要把大部分的注意力放在发挥优势上，这才是每个人的金钥匙。

《现在，发现你的优势》的作者马库思说过，“最负责任、最具挑战性，并且就忠实于自我而言的最高贵之事，就是直面隐藏在你天性中的优势，并充分发挥它。”我特别喜欢这句话，但是咱们中国人的文化和基因特点都让我们对于“缺失”更加敏感，习惯于关注自身的弱点，对优势视而不见。家长对孩子也总是批评教育，永远都是改正不足，很少鼓励和表扬长处，久而久之大家就忘了到底自己哪些方面有优点了，这样的孩子长大了就容易缺乏自信。而一味地强调努力改正缺点只会让人灰心丧气、士气低落。

应用积极心理学中心的亚历克斯博士说："只有在充分利用自身优势的基础上，我们才可能通过战胜自身的劣势获得成功。"

这句话是什么意思呢？管理学大师彼得·德鲁克曾经说过，那些非凡的领导者都在让自己的优势互联，最终让自己的劣势也变得无足轻重。也就是说，我们所有人"都有一大堆缺点"，但如果把焦点放在优势上的话，劣势对我们的影响就微乎其微了。

大家一定要接受一个事实，就是每个人都有优势，你的优势就是那些让你充满激情的东西，让你变得乐观、坚韧的力量，是我们追求梦想的内在源泉。

这是一种很棒的个人状态。

从优势出发，我们最终会变成什么样子呢？

首先你会变得更坚强，更有竞争力，对自己的优势和劣势有清楚的认知；其次你会更自信，乐于发掘自己最大的潜力，而不是一味追求外在定义的"成功"；最后你会泰然自若，无论是面对低估你能力的领导，还是其他人的非议都能坚持自我。

你会乐于做自己擅长做的事情，而且乐此不疲。

在工作上，你的幸福感会更高，在遇到挫折的时候不会轻易放弃，能更加积极地去面对压力和逆境。

在个人生活当中，你的生活满意度以及自尊心水平会更高，更能有积极的情绪，身心都会更健康。

就拿我自己来说，我现在选择的领域是个人商业教练以及企业咨询顾问，但曾经我也不知道到底该怎么选择。后来有一次和跟前同事聊天，他说，"毅菲，我觉得你从 0 到 1 的能力特别强，往往别人一头雾水不知道怎么具体落地实施的时候，你总能找到可行的方法。而且你自己也创过业，能够顺利实现盈利。你真的应该好好梳理一下，把这些成功经验总结成方法论，这样就可以帮助到更多的创业者。”他的话一下子点醒了我，让我一下子就清晰了自己未来的发展方向。直到现在的工作中，我都能真真切切地感受到每天被梦想叫醒的感觉，写作、咨询和看书学习，做着自己喜欢和擅长的事情。当我写作开发课程，研究自己的模型理论或是给别人分享的时候，会非常投入，甚至经常忘了时间，进入心流状态。我非常享受这样的状态，并且希望能做得更好，帮助和影响到更多的人。可以说我现在每天做的事情就是在发挥我的优势。

请正在看这本书的你也仔细想一想，自己有哪些优势呢？找到了它们，就等于找到了你的金钥匙。

## 1.3.3 优势分析并不难，了解这些就够了

### 1. 什么是优势

优势是那些我们表现突出，并经常愿意表现的方面，可以激励我们前行。

- 它可以有效地帮助我们实现目标，促进个人发展。
- 它是建立在我们天赋和后天努力的基础上的。
- 这些品质在其他人看来是值得称道的，对其他人的生活也有积极作用。

优势可以是技能、能力、兴趣、特点或天赋，总结下来，优势有三大维度：

① 生理维度：比如你在身高方面有优势、你的智商很高、你长得很帅或很美等。

② 技能维度：比如你有写作、画画、音乐等方面的特长，你很擅长社交，你的创造力很丰富等。

③ 个性维度：比如你非常有勇气、你很善良、你特别幽默、你积极乐观、你总是很公正等。

往往大家关注的都是前两个维度，忽略了第三个，但是那些积极的个性特征也很重要，比如懂得感恩、善于合作，可以让我们跟别人的关系更融洽。

### 2. 优势的核心要素

优势，可以从以下 3 个核心要素来判断：

① 优异的表现（你很擅长的事情）。

② 充满激情（做某些事情特别有感觉）。

③ 经常用到（能够持续积累）。

优势评估三要素

来看这个例子，很多家长都会让孩子学习弹钢琴。有这样两个小琴童，他们要各自弹奏一支曲子，第一个孩子弹出的每一个音符都准确无误，但他却毫无激情，一脸闷闷不乐的样子。另一个孩子，在舞台上非常投入，大胆地弹奏，但是在弹奏过程中却错误百出。

在心理学家看来，刚刚假设的弹奏钢琴的两个孩子都没有弹钢琴的优势，因为谁也没有完整表现出优势三要素。第一个孩子虽然弹得很好，但没有激情，如果有选择的话，他很可能都不会去弹；而第二个孩子虽然很有激情，也表现出浓厚的兴趣，却弹得不好。

所以，优势就是我们擅长做表现得又好，经常做而且做的时候又满怀激情的事情，三者共同构成的这个模型可以帮助你判断到底在哪些方面具有优势。

对于真正的优势而言，这 3 个核心要素构成了一个完美的反馈回路：优异的表现让你充满激情，所以自然愿意做更多；而经常做，也就是我们所说的努力或练习，会提升你的表现水平；如果你发现自己做某事时非常投入，又愿意勤加练习，练习又会让你表现优异，优异的表现又让你对此更加充满激情……这个回路就可以这样一直循环下去。

让我们来看下面这两个案例：

**【案例 1】资深 HRD 转型**

回到前面提到的我的那位 HR 朋友，识人用人肯定是她的优势区。

首先，她有优异的表现，不然做不到上市集团的 HRD，光 title 拿出来，就很有吸引力。

其次，她很喜欢跟人沟通，也有亲和力，大家都很愿意跟她接触。

再者，她做了二十多年 HR，每天做的就是识人用人的工作，有太多的成功案例可以分享，已经积累了足够的数量。

这么好的优势区，不用真的是浪费啊。

关于她转型做培训师的想法，我建议她，“你完全不用纠结，回去看看是否有这方面的理论书籍，好好研究研究，打磨出自己的课程，或者直接去参加授证版权课，都是不错的选择。”

经过这番探索，她豁然开朗，以前总是想讲自己不熟悉也没有积累的东西，当然没有自信，短时间内也很难提高到一定的水平。即使能讲，没有实践做支撑，效果肯定是不佳的。

所以即使是职场转型期，关于个人定位和方向的选择，尤其是已经有多年职场经验的人，也完全不必舍近求远，去选那些全新的领域。

从你本身的优势区域出发去寻找，就能找到适合你自己的宝藏。

## 【案例2】外企高管辞职创业

一位从外企高管辞职出来的朋友，曾经找我做咨询，他辞职后自己成立了一家公司，但尝试了一段时间并没有太大的起色。他说，自己出来单干才发现跟在公司里有天壤之别。

因为在外企工作是很难有独自做决策的机会的，工作中99%的时间都是在执行公司既定的目标，无论是初级员工还是高级经理，甚至中国区总裁，主要的任务基本上也是在执行。

创业则大不同，你经常面临要做决策的时刻。有些新兴企业的创始人甚至每时每刻都在做决策，因为没有对标企业可以参考，必须得自己一点点摸索。但折腾一段时间后，发现创业和做职业经理人需要具备不同的能力，他感觉不太适应。

现在正好有一家发展不错的初创公司，邀请他作为重要的全职合伙人加入。他没想好是否要全职加入那家公司。

我帮他梳理了一下现状：

① 目前这家公司刚刚拿到天使机构的投资，正处于快速发展期，要建团队、扩业务，创始人也才只有 30 岁，正是体力旺盛想打拼的年龄，必然对合伙人也有很多期待。

② 这家公司并不在上海，在深圳。意味着他要做出一定的牺牲，到另外一个地方发展。

③ 目前我这位朋友已经不是 20 多岁的年轻人，很难跟年轻人去拼，还有家庭和两个孩子要兼顾。同时自己在申请加拿大的移民，需要时不时去坐坐移民监。

先不说他的时间安排和分配，就先说说他对自己全职加入的预期：如果全职投入的话，他势必对作为合伙人的回报要求会更高，比如说占有更高的股权比例。

但是往往公司对于股权的分配和激励是有一定要求的，你有更好的绩效，公司才会愿意释放更多的股权。

他说自己肯定不可能像年轻人一样，长期像打了鸡血一样在公司拼命，自己已经过了那个年龄段，更希望用顾问的方式来支持创始人。

我知道他在市场开拓，大客户销售方面有二十多年资深的管理经验，很擅长也有非常优质的朋友圈。关键的是这家公司的早期融资也是他帮忙搞定的。

所以，我建议他可以考虑用天使投资人加顾问的方式来帮助这家公司，这样他可以投一小部分钱，虽然在这家公司占有的股权比例可能不一定很高，但会比较自由，仍然有机会分享到这家公司的收益。同时也可以凭借自己的优势去帮助更多类似的创业公司。

要知道这两年，想从异常冷淡的资本市场去融到一笔不错的天使投资，绝不是一件容易的事情。

他完全可以借助自己身边的资源去帮助一些很有潜力的创业公司做融资、管理等顾问辅导，从而分享更多公司的成长收益。

### 3. 关于优异表现的误解

提到优异的表现，接下来我们来看一个普遍存在的误解，也是一些自我设限。

很多人都误以为一个人只有拼尽全力地工作才会有出色的表现，但实际上，往往有优势的方面容易做得更好。当我们的工作跟自己的优势匹配时，往往无须太努力就能做得很好，因为我们的优势是自然而然的。

就像我以前在以诺工作的时候特别喜欢做新项目，很多人都会觉得无从下手，我却觉得很兴奋。新项目往往只有一个大致的方向就可以开干了，我很擅长从无序的状态下找出能够实现的路径，在很短的时间内把项目落地。如果是一些现成的、已经运营多次的项目让我接手，我反而觉得没意思，没有发挥的空间。大部分人是愿意接受成熟项目的，这样他们更容易上手，不会觉得太困难。

当然，每个人都会面临有挑战的工作或任务，但如果能够运用到优势，就可以运用自己的优势顺利化解掉这个艰巨的任务。

就像我做新项目一样会遇到挑战，但对我来说就好像玩拼图游戏，每当我找到线索，把它们一片片拼起来，眼前的图片越来越趋于完整的时候，我就会很兴奋，沉浸在即将胜利的喜悦中。

再举个例子，我一位朋友的孩子很有创造力，她喜欢语文、美术，但化学和数学学得不好。有一次化学考试要考元素周期表，她特别紧张。后来她实在记不住，就拿出美术工具和平时做手工艺品时用的材料，用海绵球、彩色管子和布料等做出了全部的元素模型，完成的作品就像一件可以进当代美术馆的艺术作品。考试时她脑海中会不时浮现出自己动手做过的模型，牢牢记住了那些元素，生平第一次，她在化学这门课上考出了从没得到过的最高分。可以说，正是她富有创造力的优势发挥了巨大的作用，帮她渡过了那次难关。

总结起来，有些事情虽然你擅长做，却并非你的优势；只有那些让你沉浸其中、你有驱动力和渴望，体现出优势核心三要素的才是你真正的优势。

### 4. 优势的其他表现

除了前面的三个核心要素以外，优势还有其他的一些表现。

（1）有内在驱动力或者渴望

你可以通过一个人做某事的渴望程度来判断优势，优势往往是不可抑制的。一个人的优势如果遭到抑制，就会觉得不自在。

我认识一位阿姨，小时候就很有音乐天分，特别喜欢唱歌。她觉得在唱歌的时候，才能展现自我。她平时一个人在家的时候，能投入地唱上好几个小时。可是老师让她参加学校的汇报演出表演独唱，她却由于害怕单独表演，坚决不肯去。后来老师找到了症结，让她加入学校的合唱团，并让她担任领唱。这样一来，不但能消除她单独表演的恐惧，还能在舞台上尽情展现她唱歌的热情和才华了。后来她还学了乐器和跳舞，由于时代原因，她没有成为专业的音乐人士，但每次工作单位有演出，她都是台柱子。阿姨说她觉得音乐就流淌在自己的血液里，她不敢想象如果没有音乐，生活会是怎样的。现在她退休了，也会到处去参加演出，不仅能拿到演出费用，还很快乐。前段时间她所在的老年表演团还通过了某个电视台的海选，阿姨现在准备继续挑战比赛，整个人都神采飞扬的。

这就是优势得到展现的表现。但当发挥优势的渴望得不到满足时，人就会极度痛苦。

我曾经听一位职业作家分享过自己的经历：上幼儿园时，不认字给她留下了心理阴影。她说自己成长的那个时代，是不鼓励孩子在上小学之前学习认字的。当她看见别人读书时，自己很向往却一个字都看不懂，那些文字就像是无法破译的黑色密码，她觉得被文字被拒之门外，感到异常痛苦。她迫切地想要揭开文字的奥秘，就缠着妈妈学习认字。后来在上小学后，她的文字表达能力立即就超越了同龄人，作品也陆续被发表在高中和大学的杂志上。最终她成了一名职业作家。

（2）能沉浸其中忘记时间

如果你能长时间专注于某事，沉浸在其中以至于忘了时间的流逝，这通常都是优势的表现。心理学家把这种沉浸投入忘了时间存在的状态称为“心流”。

相反，如果你做某事的时候觉得无精打采，那你肯定是不会忘记时间的。

我家女儿小时候有点闹人，经常会缠着大人陪她，但是她很喜欢画画和听故事，只要是做这两件事的时候，她就非常安静。你跟她说话，她也经常听不见，还是专心地画她的画、听她的故事，不吵也不闹。这时候我发现她就是进入心流的状态。有些时候我看她专注的时间太长，画起画来能一两个小时不动，就想让她休息一下，喊她停下来出去玩一会，她都一副不情愿的样子。

### 5. 优势的种类

应用积极心理学中心提出了一个四分矩阵法，把人的行为分为四类。它们分别是：已经形成的优势、未形成的优势、习得行为、劣势。国际心理协会主席、墨尔本大学心理学教授莉・沃斯特进一步把它们命名为：核心优势、成长型优势、习得行为、劣势。下面我们就来看看这四种类型。

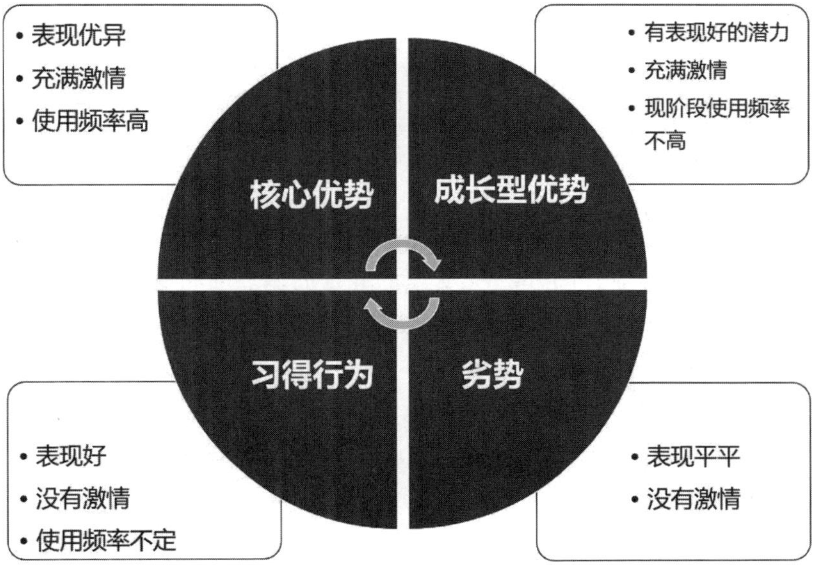


（1）核心优势

核心优势也是我们“天然的”优势，指我们优于他人的，让我们充满激情的，经常使用的才干或表现出的特征。对于了解我们的人来说，很容易看到我们的核心优势。你可以问问身边比较亲近的人，他们能帮助你发现核心优势。

（2）成长型优势

成长型优势就是指那些让我们满怀激情的优势，我们在这方面表现优异，但使用它的频率不太高。这种优势你可能只在自己身上看见过几次，但如果有发展的机会，它们一定会让你大放异彩。当你使用成长型优势时，你会很兴奋，这就是优异表现的前兆。

有趣的是，当成长型优势还处在成长阶段的时候，看起来不太像优势，可是一旦被识别出来，并加以培养就会蓬勃发展。

（3）习得行为

前面的两种优势都来源于内在，而习得行为一般是我们从外界引入后天得来的。很多时候，我们都是在父母或别人的要求之下成长的，在这种情况下，我们的动机往往是取悦别人，或者获得外界的奖励。

利用习得行为最好的办法就是先了解它们，然后将它们融入你的工作生活中，但又不占用你太多的时间。

我在第一次创业时其实就用到了大量的习得行为——因为比较喜欢沟通，所以在销售方面结果还不错，但这些其实不是我的核心优势。有些人成功销售出东西时很开心，我却觉得不过是一堆数字而已，卖东西本身提不起我的兴致。后来意识到我需要找到更愿意去从事的工作领域，必须控制自己的部分习得行为，发挥自己的优势。进入教育培训领域后，发现自己很享受培训、做私董会主持以及给学员一对一辅导的过程，而且也很容易做得比别人更好。每当别人有收获或我能帮助他们成长时，就会非常开心，哪怕上课到很晚也会很兴奋。而以前的销售能力虽然是习得行为但可以好好利用，帮助我顺利招生后就可以花更多时间在核心优势上了。

当然，你也可以发展习得行为，但请记住，这需要付出更多努力，而且很难达到你运用优势时所能达到的表现水平，除非你找到了新的动力，才有可能把它转化为你的优势。还有，因为人们在使用习得行为时不太可能觉得充满激情，而过分使用习得行为会有一定的弊端，它可能会影响你的激情和动力，这也是为什么很多人想转行或者原本干得不错却不愿意继续下去的原因。

（4）劣势

劣势是指不利条件、缺点——具体说来，指我们做不好的方面。我们可能会在某些技能、能力上比较弱，或者我们性格、个性的某些方面比较弱。

其实，每个人都有劣势，我们只要正视它就好。从优势出发并不是要我们忽视自己的劣势，而是换一种眼光来看待。

关于劣势，你要知道的就是：

- 人人都有优势，同理，人人都有劣势。
- 有劣势并不意味着你一无是处，只说明你是正常人。
- 避免陷入过于关注自身劣势的怪圈。

咱们来玩个想象游戏吧，你可以闭上眼睛把自己想象成一块橡皮泥，花点儿时间在脑海中把自己这块橡皮泥捏成你现在的样子。

接着请你退后一步，从远处观察，橡皮泥的一部分被你塑造得光滑平整、非常漂亮，这些就代表你的优势，其余有些地方你总是捏不好，有点坑坑洼洼，这些不平整的地方就代表你的劣势。

很多人的第一反应是去修补那些不平整的地方，那些有缺陷的地方是他们关注的焦点，这就是聚焦劣势；很小一部分人会想到把已经很漂亮的部分捏得更好，这才是聚焦优势。

试想一下，如果我们不是忙着去修补不平的地方，而是把时间和精力放在进一步雕琢已经很漂亮的部分会怎样呢？当我们继续进一步构思、精心勾画轮廓，雕琢的区域逐步扩大延展到原本凹凸不平的位置时，你会发现，自己的优势在逐渐长大，慢慢覆盖掉劣势的部分。这就是关注点不同带来的不同结果。

所以，一个人的优势往往是与生俱来的，也就是说，在某种程度上，优势是先天决定的。核心优势会更加明显一些，成长型优势一开始可能没有那么明显。习得行为是后天获得的，你可能很擅长却没有激情。而劣势，“每个人都有”，你只要知道这个事实就行。

# 1.4 三种方式找出优势区，你也会变成火眼金睛

基于前面讲过的关于优势的内容，尤其是优势的核心三要素：

- 你擅长做的事情是什么？
- 你有激情或者有热情做的事情有哪些？
- 你愿意经常做的事情有哪些？

那如何对自己进行扫描，判断出优势区呢？

### 1. 自我洞察

可以通过回顾过往的经历，对自己进行梳理和总结，来做一次全面的自我扫描，对自己的优势进行评估。

这个过程很重要，建议你最好选一个相对安静的地方，关闭手机，不

要被打扰，好好花上半天来做。首先你可以去回顾过往的人生，包括小时候、上学期间、工作期间以及生活中的经历。同时你也要去想一想你的个人兴趣爱好以及在家庭中的私人生活。从这些地方好好梳理一下，都发生过哪些有趣的事件、哪些让你觉得有成就感的事情，你又有哪些成功的经历，把你想到的这些闪光事件都记录下来。其次请你再仔细想一想，为什么这些事情会发生，是你的哪些特质让你有了这样的表现和结果。

如果你思考得比较深入，自我洞察的能力比较强，思考完这些问题后你可能就会对自己有比较清晰的基础认知了。

但是，自我探索会有一定的局限性，每个人可能都会有自己的认知盲区。结合下面的两种方式，你会分析得更加全面。

### 2. 寻求他人的帮助，尤其是对你比较熟悉的人

比如说找几个对你比较了解的人，可以是你的好朋友，也可以是你的同事或者家人，向他们询问一下对你的印象。

请他们告诉你在哪些方面他们认为你很擅长，以及他们欣赏或认可你的哪些方面。

你可以问他们如下问题：

如果是你的同学，那你可以问他对你印象深刻的事情，哪些事情他们觉得你做得特别好，原因是什么。

如果是你的领导，你可以询问他愿意把什么样的任务交给你去做，为什么。

如果是跟你平级的同事，或者是你的团队成员，你可以问他们觉得你在哪些方面表现非常出色。

如果是你的家人，则可以问他们最喜欢你的哪些特质，最好让他们列举出一些详细的事件。

这些问题问得越详细，越有助于你去搜集和获取一些有价值的信息。

当然通过前两种自我洞察和借助他人的方式，可能你还会有一些隐藏的优势不容易被发觉，这个时候如果你需要探索得更深入，就可以再去尝试后面这种方式。

### 3. 运用测评工具

（1）霍兰德职业兴趣测试

霍兰德认为，个人职业兴趣与职业之间应有一种内在的对应关系。根据兴趣的不同，可分为研究型（I）、艺术型（A）、社会型（S）、企业型（E）、传统型（C）、现实型（R）六个维度，每个人的性格都是这六个维度的不同程度的组合。

这个测试可以帮助你发现你的兴趣倾向，或者排除掉你自己不感兴趣的领域。

（2）职业锚测试

它是个体对自己在成长过程中慢慢形成的态度、价值观与天赋的自我认知，它体现了个体“真实的自我”，指当一个人不得不作出选择的时候，无论如何都不会放弃的职业中的那种至关重要的东西或价值观。

就是人们选择和发展自己的职业时所围绕的中心，一共有 8 种类型：自主 / 独立型（AU）、创业型（EC）、管理型（GM）、技术 / 职能型（TF）、安全 / 稳定型（SE）、挑战型（CH）、生活型（LS）、服务型（SV）。

了解自己的职业价值观，在做重大职业选择时可以帮助你学会取舍。

（3）盖洛普优势识别器

它可以帮助你发现自己的天赋优势，测试结果包括四大领域：执行力、影响力、关系、思维，以及 34 个天赋类型。

测评者可以关注自己的突出天赋，在职业选择中，找到与自己突出天赋更匹配的机会，并在工作中充分发挥那些出色的部分。

（4）DISC 性格测试

这个测试主要从任务—人际和直接—间接两个维度出发，将人的行为风格分为 4 种基本风格，即支配型、影响型、稳健型和谨慎型，不同风格的人在职业选择上有不同的倾向性。

（5）MBTI 测试

它是以瑞士心理学家荣格划分的 8 种类型为基础，加以扩展，形成 4 个维度，并由此形成 16 种人格类型，不同类型的人在职业选择上会有一定的倾向性。

但并不是说某一类型只能做某一种工作，这个工具主要帮助测试者找到更适合自己的工作领域和工作方式。

（6）4D 领导力

根据信息获取模式的偏好是直觉型还是感觉型，以及天生的决策过程是情感型还是逻辑型 4 个维度，把人分为四种颜色的类型：绿色培养型（情感和直觉）、黄色包融型（情感和感觉）、蓝色展望型（逻辑和直觉）和橙色指导型（逻辑和感觉）。

不同类型的人在注意力焦点、沟通风格、领导风格以及职业选择上都不相同。

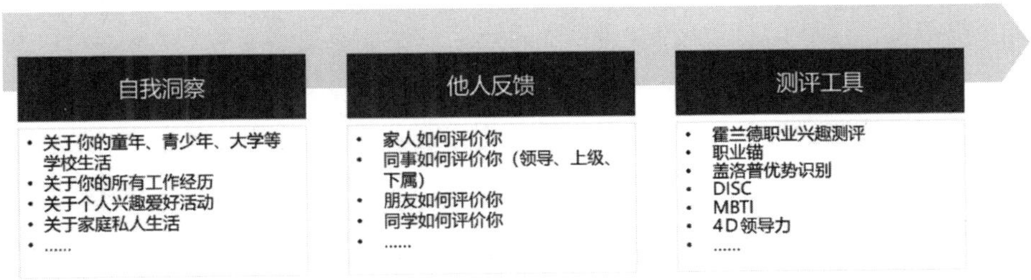


做完测评后，你也可以去找一些经验丰富的专业顾问，帮你具体分析和解读测评结果，他们会给到你一些有价值的建议。

所以，除了自我探索之外，你还可以寻求周围熟悉你的人的帮助，以及运用测评工具等，来找到自己的优势区。找到自己是一个过程，其实每个人都不是只适合干一件事，可能有很多事儿都能做，千万不要给自己设限。

# 1.5 培养金钥匙技能，构建个人核心竞争力

每个人的优势，就是你的金钥匙。找到优势，就等于找到自身的宝藏。

通过前面讲到的自我洞察的方式，相信你的优势清单上已经有一些内容了，我建议你继续当一个“优势侦探”，把这份清单随身携带，随时发现并记录下更多你的优势。然后，你的任务就是时刻提醒自己，经常用一些新鲜的方式来使用它们，发挥出你独特的力量和价值。

有一家专门研究优势的公司曾用40年的时间，对全世界200万人进行了关于优势的开放性研究，他们发现：世界上最成功的个体，都是通过将优势发挥到极致，而不是通过弥补弱点获得成功的。

如果把你的不同能力比作股票的话，核心优势才是那个会持续涨停板的股票。成长型优势领域是业绩不断增长的优质股，而习得行为能让你活

得还不错但不太可能爆发性增长。只有发挥优势，才有可能让你走上财富自由之路。

前面讲到优势有三个维度，其中生理和个性维度的优势，往往是天生的，后天很难再改变。像一些好的品质，很大程度上是从小的家庭教育环境赋予你的。这两个维度我们无须多说，也很难再去后天培养。

最后一个技能维度的优势，则是我们要关注的重点。大多数人都会在这个维度上表现得模糊迟疑，找不到自己拿得出手的核心优势技能。

那这里提供一个方法，大家可以再试着找找看。这种优势技能往往是在人的生命早期形成。

早期，也就是 16 岁之前——通过与外界的不断交互，使得大脑里的某些突触链接被刺激，从而变得越来越强。

我们在生活中一直保留着被我们不断利用的那些模式，往往是在我们很小的时候就已经形成的，所以你可以通过回忆童年往事找到一些蛛丝马迹。除了早期以外，上学期间、工作期间的经历也会帮助你找到优势领域。

如果你已经尝试找过了，还是没发现什么优势技能，也不要灰心，后天培养也来得及。但最好是在与你已有的其他维度的优势相关或者是你能充分运用到那些优势的领域进行发展。

## 1.5.1　值得培养的技能

到底哪些是跟已有优势相关的区域呢?

先来看激情这个核心要素，我个人觉得这是最重要的出发点，以此开始能比较快速判断哪些技能值得花时间进一步培养。

有以下几种情况值得你关注：

① 如果你对某件事充满激情又有过优异表现，但目前做的频率还不够高，说明这就是你最有潜力的成长型优势区，经过培养很有可能成为你的核心优势技能。

② 如果你对某件事很有激情但做得还不多暂时也还没有优异表现，这也可能是你的成长型优势区，你需要继续花时间去尝试。如果表现在不断提升，也获得了不少正反馈，就说明这也有可能是非常有潜力的成长型优势区。但如果花了很长时间练习还一直没有好的反馈，那你就要好好考虑是继续坚持还是放弃了。

我知道有人会担心年纪大了，重新开始是否还来得及。塔莎奶奶大概从 70 多岁才开始学习和尝试艺术创作，到了 90 多岁的时候，她开始红遍网络，办了自己的展览。所以不要想太多，每个人的人生只有这么一次，与其在那里等待感叹，不如勇敢去尝试一下，让可能的事情发生，去创造自己的未来。年龄绝对不是问题，问题在于你是不是有一颗真正想要改变的心。只要你愿意，任何时间都不晚。

如果要问我多长时间合适的话，我觉得每个人能够承受的时间限度不同，大部分人可能 3 个月没结果就放弃了；有些人可能会更久一些，比如半年或一年。

比如说有人喜欢画画，想要发展这项技能，就可以先以 3 个月为限试试，然后看结果。如果效果不错，也仍然还有激情就可以继续。但这种情况比较有迷惑性，很多人都会有 3 分钟热度，一会喜欢写作一会喜欢弹琴，可没多长时间就放弃了，这种一时的兴趣其实只是兴趣而已，根本谈不上热爱，更不叫激情。判断有没有激情本身就是需要时间检验的，虽说是 3 个月的时间，但如果隔几天甚至一周才动一次笔，频率上就不够，显然这种人都没有激情练习，也不太可能成长为他的优势。

③ 一开始并没有发现自己有兴趣，可是一上手尝试就做得不错，这种情况也值得关注，可以试着多做一些，看看是不是还能做得不错，是不是愿意继续经常做。如果逐渐发现越做越有热情而且想要越做越好，那这就是非常不错的潜力区，并且有希望发展成自己的优势。

④ 如果一个人某件事做了很长时间，也确实比较擅长并且表现优异还经常被人夸奖，但就是怎么做都没有激情，这很可能是他的习得行为。习得行为最好的位置是配角，不用抵触它，将来也许这些行为能辅助核心优势发挥作用。

就像我原来锻炼出的销售技能一样，虽然不是我的核心优势，但在我的主业中依然可以用它辅助核心优势开展工作。

除此之外，那些由于某些原因你不得不多做，但不喜欢且做得不怎么样的事情，就一定要想办法避免去做。不然你会深陷其中，感受不到幸福和快乐，更不会体会到成就感。

总之，要学会从未来有潜力成长为优势的区域出发，提取出那些你想要发展的相关技能，然后着重培养，最终它们才可能长得枝繁叶茂，给你带来丰硕的成果。

## 1.5.2 优势技能培养公式

优势技能中生理以及个性维度是与生俱来的，我们很难通过后天的培养去大幅度改变，但却可以好好加以利用。技能维度才是我们要着重培养的。

给大家一个优势技能培养公式：

# 优势 = 技能 × 投入

优势是一种能力，需要持续有优异的表现以及积极的成果。

这里的“持续性”很重要，偶尔昙花一现表现良好的都不算优势。所谓持续，指的是投入必须达到一定的时间和质量，才能有机会从量变到质变，形成持续稳定的能力及表现结果。

大家常说的天才具有的天赋也不算优势，比如六岁的莫扎特就已经在音乐上展现出惊人的天赋了，但他依然是经过大量练习才变成音乐家的。也就是说，即使是一个非常有潜质的人也需要经过刻意训练才能成为高手。

我记得《最强大脑》的 Dr. 魏曾说过类似的话，意思就是每个选手都经过刻苦的、具体的、长久的记忆术的训练，才展现出这样惊人的脑力。

天赋也必须经历一个从无意识使用到有意识察觉，再到刻意学习和练习的过程才能转化为优势，这个过程就是投入。

投入包括你在技能提升上所花费的时间、精力以及金钱。

很多人觉得有天赋就不需要投入了，其实恰恰相反，正因为有天赋才需要巨大的投入。天赋越高，反而投入越大。这是因为会害怕辜负了那些天赋，不能发挥出它们应有的威力。

莫扎特的父亲本身也是一位著名的作曲家和演奏家，而且是一位高压型父亲。在莫扎特 3 岁的时候，父亲就开始在创作和表演上对他进行高强度训练。而莫扎特真正被世人认可的第一部杰作，其实是他 21 岁时创作的第九钢琴协奏曲。21 岁的确是很年轻，但我们必须清楚，此时的莫扎特已经接受了 18 年极其艰辛的刻意练习和专家训练。他拥有的任何创作灵感也不可能让他不费吹灰之力就创作出世界一流的作品，而往往大家都觉得只要有天赋就能够达到顶尖高手的水平。

所以对于没有形成自己优势的人，只有两种可能：要么就是没有发现自己的潜力优势区，要么就是发现了自己的天赋却没有进行有效投入。

找到有可能成长为优势的技能是第一步，还有下面的 4 个关键步骤。

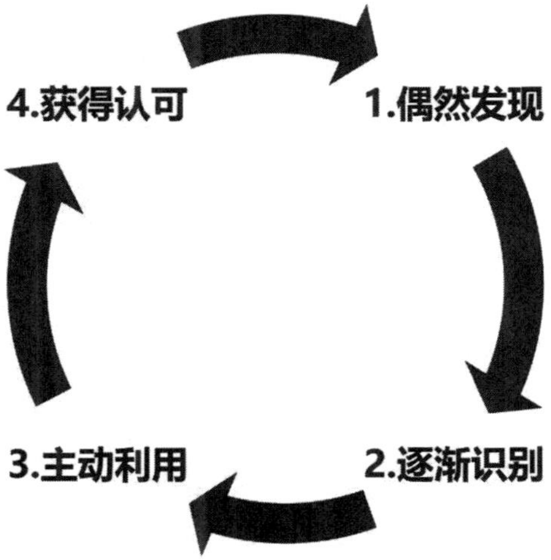


① 偶然发现。在各种尝试中，偶然发现自己特别擅长且热爱的领域。

② 逐渐识别。多次重复、主动反思，逐渐识别出自己的高潜优势技能区。

③ 主动利用。持续提升该领域的专业知识、掌握技能，经常使用固化成能力。

④ 获得认可。通过向外界不断展示相关能力，逐渐获得外界认可，成为可识别的优势。

天赋就像种子，如果你发现了天赋长出的小嫩芽，那就赶快给它浇水、施肥、用心培养吧，最终你的天赋才能结出优势的硕果。

### 1.5.3 培养大优势技能组

培养出一项优势技能就能形成自己的核心竞争力吗?

还是举画画这个例子，如果你判断这是你的成长型优势区，你有激情也有一些不错的表现，也希望继续培养相关的技能，那就需要进一步细化。绘画领域可能包含手绘的技能、计算机绘图的技能（比如 PS、AI 等工具的使用）、色彩感知和搭配的技能等。

再举一个例子，比如说你希望发展销售的能力，那你就要进一步培养沟通的技能、展示的技能、谈判的技能，或者朋友圈成交的技能等。

到这里你应该明白了，发展优势技能其实是一组基于优势的能力，它并不是单一存在的。你需要把颗粒度拆得更细，循序渐进地去培养。

当你的优势技能组合逐渐养大后，再搭配上你的其他个性上或生理维度的优势，就可以形成专属于你自己的核心竞争力了。

基于这些核心竞争力，哪怕做同样的事情，你都可能胜过那些没有运用自己优势的人，迅速拉开你们之间的差距。

如果是考虑到用技能变现的话，你可能还需要去发展一些辅助技能。

比如你的核心竞争力是以写作为核心的技能组以及一些个性优势，包括新媒体写作、故事写作力、快速构思能力、有毅力等。要是你想通过教别人写作来变现，那你就得去学习一些辅助技能，比如讲课的能力、做课件的能力、表达能力等。要是你想通过文案变现，就得提升写文案的专业能力。要是你想通过运营自媒体赚钱，你就还得会编辑、策划、选题方面的技能。

除此之外最重要的是，所有这些方向都需要你具备商业变现的能力，比如如何把你的核心技能转化成可出售的产品和定价的能力、如何宣传推广的能力、如何转化成交的能力等。

如果这些辅助技能正好也在你的成长型优势区就更好了，提升后你的核心竞争力会更强，壁垒也会更高，别人很难轻易跟你竞争。如果这些技能是习得行为也不错，你可以直接拿来用。

在这个过程中你会发现，同样是写作能力的组合，作为核心竞争力，你跟另外一个人又可能是完全不一样的。也许你的核心竞争力更适合通过讲课变现，因为除了写作，你还擅长做课程。而另一个人可能就更适合通过给企业写文案变现，因为他更擅长挖掘产品的卖点和销售。

这就是你跟别人的差异，你的核心竞争力越清晰，未来定位变现的方向也更精准。

那有人会说，他发现哪个行业赚钱多就去学哪些技能，根本不考虑自己的优势。这种情况其实也很常见，相信很多大学生在当初选专业时就没想过自己的优势，都是家长从工作前景的角度出发帮孩子做出的选择。我是不建议这种完全不考虑自身优势就进行选择的思维方式。

因为这种思维本质上是以利益为导向的短线思维，一旦遇到困难或挑战，人很容易放弃，也很难成为顶尖水平的高手。

而基于核心竞争力选择的发展和变现方向是完全不同的，是长线思维，是有关你自身的重要人生战略。

如果用炒股来比喻的话，利益导向就像投机行为，很容易踩空；而从优势出发就像价值投资，会走得更长久，也更笃定。股神巴菲特说过：“人生就像滚雪球，重要的是找到很湿的雪和很长的坡。”

多年来，中国乒乓球队在世界范围内是横着走的。昔日的中国国家乒乓球队主教练蔡振华曾经描述过中国队员的训练就是集中精力专练擅长的打法。因为他们深切地知道，能最大限度地发挥所长，自己独特的优势就会大到足以淹没一切弱点。所以中国的赢球手只打正拍，尽管他们不擅于打反拍，但他们的正拍势不可当，仍能以绝对优势击败对手。

最后我要再次向你强调，以优势为核心发现和构建一组技能，打造出真正属于你自己的核心竞争力才是王道。

## 1.5.4 刻意练习

当你确定希望培养哪些技能之后，要如何做才能不断提升，持续精进呢？最重要的方法就是学习 + 实践。

### 1. 学习

想必这两个方面你都不陌生，那该如何学习才更高效呢？

这里我给你介绍 3 种学习路径。

第 1 种是自学；第 2 种是参加培训班；第 3 种是找导师，一对一学习。

（1）自学

关于自学，你可以利用很多互联网的资源，比如百度、知乎、微信里都可以搜索到一些相关信息。

先来看百度搜索，想学一种技能就可以直接搜这种技能的名字。比如你想学习烘焙，就可以搜“烘焙 + 入门”“零基础学 + 烘焙”“烘焙 + 培训”这些关键字，就会得到一些你想要的信息。知乎也能搜到很有价值的一些信息，比如你可以搜索如何成为插画师、如何成为西点师之类的，还能直接搜到做某份职业需要具备哪些技能。但是通过网络搜索需要仔细甄别信息的有效性。

通过不断挖掘，就可以知道掌握这项技能需要了解哪些知识、看些什么书籍或者报哪些培训课程都是非常有价值的信息，可以帮助你建立一些大致的认知。

另外，阅读也是一种比较便利的自学方式。你可以根据自己的学习习惯选择不同的阅读方式，如阅读文章、教程或相关的书籍进行系统学习。我自己更倾向于看书，电子书和纸质书都看，但我几乎是电子书的重度使用者。我常用的阅读平台有微信读书、得到、当当云阅读等。

（2）参加培训

当你自学遇到一定的瓶颈无法跨越时，就可以选择参加一些课程。花费较少的是线上的各种微课、训练营等，像千聊、荔枝微课、喜马拉雅等平台都有各种技能的课程。我自己就买过很多课，像文案课、写作课、视觉训练营等，都让我迅速掌握了相关的知识以及入门的方法。这些微课一般都是相对资深的专业人士经过实操总结出来的精华和可操作应用的方法，比网上的教程和文章更成体系，比自己阅读书籍也更容易提高。

（3）找导师

比线上课程更高效的学习方法是参加线下培训和一对一咨询或导师私教。

通常线下的方式可以在最短的时间内比如两到三天让你全面掌握某项技能需要的相关知识点，并且有老师在现场指导，非常高效。我自己每年都会参加各种线下培训。

一对一私教的方式更有针对性，经验丰富的导师能快速看出你的问题给出适合你的建议或方向性的指点，这大大节省了你自己摸索的时间。

比如英语学习，如果是一对一私教，你开口练习的机会更多，老师对你的专属指导也更到位，效果肯定跟参加大班课不一样。我作为个人价值变现教练，也提供一对一的咨询和私教服务。

以上就是三种有效的学习路径：自学、参加培训，找导师一对一私教。这三种学习方式花费的成本一般是由低到高，学习的有效性也是依次提升的。

### 2. 实践

如果说学习是从不知道到知道的过程，实践则是从知道到做到的过程。学习了解不足以让你掌握一项技能，比如，说你看了如何写作的书并不能让你马上就成为作家，你看了某个菜的烹饪教程也不会马上就能真的成为厨师。只有当你能写出不错的文章，做出美味的菜肴之后，才能说你掌握了一项技能。

我们都知道“熟能生巧”的作用，刻意练习就是很好的实践。很多人也听说过一万小时定理，那真的是只要花费一万小时的练习时间，无论是否有天赋，任何人都会变成专家吗?

根据多项研究表明，并不是这样的。

首先，不同的技能需要练习的时间不同。比如，优秀专业演员的技能习得是 3 500 小时，记忆类专家的技能获得只需要几百个小时等。

其次，天赋也是很重要的影响因素，比如像一些体育项目就会对身高或身材有要求，而一些职业比如医生、律师、会计的智商大多是中上，这些也不是简单的练习可以弥补的。

再者，练习的结果并不是只跟时间相关，还取决于练习方法。你肯定见过一些人学习很努力，花的时间很多，但成绩就是不如一些优秀同学，他们学习起来既轻松结果又好。那这些高手是如何做到的呢?

其实，最好的实践是在环境支持的情况下进行刻意练习，再加上教练提供有效的指导和反馈。

《刻意练习》的书中写道，在任何行业或领域之中，最有效和最强大的练习都是通过充分利用人类的身体与大脑的适应能力，来逐步塑造和提升技能的。如果你能足够多地练习做某件事情，你的大脑就会改变某些神经元的用途。

这里的刻意练习并不是盲目多练，而是要有目的性的练习、任务的难度要适中并能及时收到反馈。也就是要有足够多的次数重复练习，还要求练习者能根据反馈纠正自己的错误。

（1）有目的性的练习

你一定要制定明确的练习目标，把注意力集中在你的任务上。

刻意练习需要你走出舒适区，不能只是重复做你原本已经能轻松达到目标的事情。每个阶段都要制定目标和行动计划。每次的目标要定得有挑战，但也不要跨度太大，因为挑战越大，你的大脑变化也越大。通过研究表明，人在学习一项新的技能时，如果能够触发大脑结构的变化，那么，这种学习比起只是继续练习已学会的某项技能要高效得多。另外，如果挑战过大任务过难，反而会产生疲劳，学习低效。大脑和身体一样，对那些处在舒适区之外，但是离得又不太远，跳一跳可以够得着的挑战反应最敏感，改变也最迅速。

通过有效的训练，可以发掘你的潜能，提升某种能力，以前不可能做到的事情变得可以做到。

当你的技能越娴熟，你的心态就会越好；而心态越好，就越能有效地练习，继续磨炼技能，这样就进入一个良性循环中。你会获得巨大的满足感和快乐，特别是发展那些十分尖端或稀缺的技能时，很多人会有巨大的个人成就感。

（2）及时反馈

在刻意练习中，你需要及时反馈来准确辨别你在哪些方面还有不足，为什么会存在这些不足，然后进行纠正和调整。

最好的方法就是找到一位好的导师或教练，他能够给你布置练习作业，帮助你提高水平。导师必须已经达到一定的水平，并且有一些可以传授给你的有效练习方法。

很多伟大的成就往往来自为提高某个特别技能而精心设计的练习。当然你也可以通过其他人来获得反馈，但许多时候，优秀的老师或教练在设计练习活动方面非常有经验。他们知道如何帮助你高效地达成目标，能给你更精准的指引从而节省更多的摸索时间。有很多优秀的同学都知道向老师或教练求助。

比如作为一名私教，我不光教学员可行的商业变现的方法，更重要的是带着他们真刀实枪地实践。在他们遇到问题时及时给予指导和纠偏，快速带他们走上商业变现的正轨，节省更多时间和金钱上的投入。

所以刻意练习、有效反馈都是在帮助你发现哪种方法管用。如果管用就继续做下去；如果不管用，就要马上调整策略。越是能够及时调整自己的练习方法，练习就会越有效。

最后来总结一下，培养技能需要学习和实践两条腿走路。学习可以通过三种途径：自学、参加培训课程，找导师一对一私教。高效的实践方式是有目的性地刻意练习，最好有导师或教练能及时给予反馈，帮助纠偏和提升。如果你已经选准了要培养的技能方向，那就开始去学习和实践吧，期待你快速跨越新手期，大踏步朝资深人士、高手或大师级别进军。

# 1.6 把技能变产品，开始尝试吸金

相信你身边一定有些朋友兴趣爱好广泛，什么都懂一点，却哪个都不精——因为“什么都懂一点”所花的时间和精力，足够让你在某一个领域有建树了。

要知道，优质的知识结构是金字塔型的，底部开阔但是顶端精深。

那通过前几节课的学习，你应该已经知道要寻找自己的优势，也应该知道要发展以优势为核心的技能，才能有更持久的激情。

所以，你至少要培养一项特别核心的优势技能，而不是样样浅尝辄止，没有一样真正能拿得出手的技能。

判断技能水平的一个标准就是能超过同领域 80% 的人，到达这个级别，你就可以跻身于高手行列了。如果你的这项技能也有市场需求的话，你应该足以依赖这个技能生活甚至过得很好了。

### 1.6.1 勇敢开始收费

那是不是一定要到高手级别才能开始价值变现呢？我觉得可以先尝试评估一下，给自己打打分。如果从 1 ~ 10 分，能打到 6 分，就可以开始尝试副业变现了。

我知道这时候又有很多人开始心里打鼓，他们可能会觉得自己的技能水平还不够高，不敢开始收费，那我告诉你大可不必。想想看，如果你看了某本书或者参加了某个专业的培训之后，用学到的知识帮身边的人解决了某个问题，他们一定会觉得你可真厉害。尤其是那些对这个领域一无所知的人，甚至会把你当成半个专家，其实你也仅仅是比他们多知道了一点而已。

所以，如果你只有 3 分的技能，别人可能会因为你的某次无偿帮助给你发个红包表示感谢。如果你达到了 6 分，就可以开始尝试收费了，你的段位完全可以教那些 0 ~ 2 分的入门级小白型选手。

为什么要收费呢?

我告诉你三个一定要收费的理由：

（1）收费会让你从业余爱好者变成专业人士

专业人士和业余爱好者最大的区别是什么？业余爱好者是做好一次就可以，专业人士是做到不能出错为止。这里面差着一个量级的技能水平，收费会倒逼你提高技能。你会快速地成长，而且是火箭级的提升速度。完全不能像原来不收费时一样没有压力，想做多少算多少。

（2）收费会让你吸引更高期待值、更加挑剔的客户

他们也让你更好理解技能如何产品化，找到更好的可以变现的商业

方向。

（3）降低风险

起步时收费多少不重要，重要的是你可以在这段宝贵的时间内测试市场，同时也在测试你的技能水平到底在什么程度，是否能支撑你未来做自由职业或创业，从而大大降低你的风险。

当你的某项技能到了 8 分，你就能打败大多数人，成为该领域的专业人士了。到了 9 分，你就是绝对的领头人士，年收入可能也早就超过百万元了。

好，相信这时候你心里已经没有那些魔咒，开始跃跃欲试想要尝试技能变现了。

## 1.6.2 结果思维助你技能变产品

接下来问题来了，如果你有一项能力，特别喜欢画画，也擅长画画，可以说这是你的一个优势技能。现在你想用这项技能来赚钱，那该怎么办呢？

你可以问自己几个问题。

（1）画画会产生什么结果

如果你说画画的时候自己感到很快乐，那么这个就是你的兴趣爱好，不用管能画成什么样子，只要自己高兴就好。

但是如果你想通过画画来赚钱，那就不一样了，因为画画这件事不只是取悦你自己了，还要让别人喜欢，你就要好好想一想你画的画可能对别人产生什么样的价值。

（2）谁会需要这个结果，他们会觉得什么是有价值的

这样你可能就会意识到，如果是自己随手涂画的内容，别人可能会觉

得没有价值。

那什么样的内容是有价值的呢？比如视觉化的笔记可以让抽象的文章更加生动，帮助读者理解复杂的概念或信息。甚至可以专注某个领域的视觉化输出，比如理财方面的内容视觉化、商业方面的内容视觉化等。

像早期和我一起学思维导图时认识的好朋友洛思思，她每天坚持画手绘日签，每个上面都有一个积极正能量的主题。比如“Day 167 宜时间管理”“Day 165 宜烧脑”等，另外还要配上一段相关的语句。她每天把手绘日签发到朋友圈或者群里，就会吸引并激励很多注重个人成长的小伙伴儿。

还有给得到做脑图解读的徐雯老师，她坚持跟着专栏画知识脑图，已经完成了三季。前两季的课程几乎是日更，每季都是 300 多期；第三季也有 30 多期。但她配合每节课程的文字和音频内容，每天坚持出图，积累了超多内容。她通过视觉展示的是课程精华，又易于传播，受到很多人的追捧，有些得到的粉丝们还专门把图收藏下来，配合课程进行学习和复习。后来连课程主讲老师都对她赞不绝口，亲自邀请她作御用脑图解读师。

像洛思思、徐雯她们的创作，就不是因自己喜欢的随手一画，而是变成了对他人有价值的内容。

（3）有什么办法能复制或者放大这个结果

每天一幅日签，配上一句励志的话，看上去内容并不多，但一旦有了规模，就有了威力，比如坚持一年，一共 365 幅日签，就可以设计成台历产品了。

或者还可以和出版社合作，专门为一些书籍配图，通过出版复制，画画这个技能就可以放大成为对更多人有价值的易于传播的内容了。

从“我会画画”到“用视觉传播有价值的信息”，这个就是结果思维。

通过结果思维，就能找到你的技能或者能力可能对谁有用、你可以通过交付什么产品让别人觉得有价值，以及你该用什么样的方式持续并传递这种价值？

所以，技能本身对用户没有直接价值，只有把它们打磨成可交付的有价值的东西，才能真正解决用户的问题。这个可交付的有价值的东西就是产品，这个过程就是技能产品化。

如果你有知识或技能，那么首先恭喜你。但是知识或者技能不是产品，能被用户接受的书、音频、视频、课程、笔记等才是产品。

假如你擅长演讲，恭喜你，你有演讲这项优势技能。但请记住，演讲本身不是产品，教别人演讲的课程是产品，帮别人提升演讲技能的教练服务也是产品。

假如你擅长买衣穿搭，也恭喜你，你可能有形象搭配的能力。但请记住，把自己打扮漂亮是本事，把别人也打扮漂亮才可能是产品。

在第 2 章，我会详细地讲解如何从零开始把技能打磨成有价值的产品。

### 1.6.3 如何找到第一个付费客户

有了产品后，接着你该面临的问题就是找客户了。对于新手而言，找到你的第一个付费客户往往是最有难度也是最有价值的。

第一个客户可以为你带来实践的机会和一笔收入（尽管可能不多），但重要的是能为你积累一个成功案例，他是你的贵人。

如何找到你的第一个客户呢？

通常来讲朋友支持和熟人介绍是最常见的方式。

往往你可以从认识的人那里找到答案，比如你的朋友、亲人或前同事、客户之类。因为他们对你有一定的认知度，你们也有一定的信任基础，在你没有任何知名度的时候，他们可能是最愿意支持你的人，要么自己尝试成为你的客户，要么给你介绍第一笔生意。

对于很多人来说，最难的是第一次鼓起勇气给自己的产品或服务内容标价，并且要去尝试推销自己。你可能会有巨大的心理障碍或恐惧，不敢迈出这一步，尤其害怕向认识的人张开嘴让他们成为客户或帮你推荐。

你要知道熟人的确可能会不愿意理你，但总有人会欣赏你的举动甚至需要你的服务。

其实就像做销售一样，有人会买你的产品，也有人不会买，这很正常。不要把注意力关注在那些拒绝你的人身上，要去关注那些愿意尝试购买或支持你的人，调整好自己的心态很重要。

我的一位学员叫镜子，曾经很难克服这个障碍，她曾问我，“收费不是很功利吗？”

当时我给她举了个例子：你很饿，想去超市买吃的，那付费买你需要的东西不是很正常吗？

她想了想然后很快就转变了心态说，“是啊，我自我设限了，总是担心。”

我说“对啊，只要你的产品或服务对别人是有价值的，收费是理所当然的，你都愿意为自己需要的东西付费，为什么别人不会呢？”

你为此付出了时间和精力甚至金钱，这些都是投入的成本，你需要做的是定个合理的价格，然后尝试去做自我宣传就可以了。你的目标就是去找那些需要你服务的人。

所以，你要分析一下哪些人可能需要你的服务，你的产品或服务能给他们提供哪些价值，可以把这些都写下来，做出一份产品介绍，哪怕是一段简短的文字介绍都可以。当你勇敢地标完价并尝试去展示自己的价值，就已经完成了第一步。

接着把这份宣传介绍发给你觉得最有可能需要的人，等待反馈。你可以一对一联系他们，也可以发在朋友圈里。现在微信和朋友圈是最便捷的个人展示平台，每个人至少会有几百个人的好友，一定要充分利用好已有资源。

有兴趣的人自然会给你回复，跟你继续沟通，你需要做的就是详细给他们介绍，直到有人给你正式付费，你就获取了第一个真正意义上的付费客户。

还是前面的镜子，她擅长的是情感关系方面的咨询。我指导她在朋友圈每天发自己的专业知识，展示自己的能力，让别人知道她可以做咨询。连续十天之后，她就找到了第一位客户，而且是企业客户。区政府邀请她每周一次去做驻点咨询师，做婚姻调节。当她接到邀约后，开心极了。

其实，当你能找到第一位客户，就一定能找到第二位、第三位、第 $N$ 位客户。

只要有人愿意购买，至少就证明你提供的服务是有价值的，这就是市场验证的过程。

# 1.7 两个测试，帮你判断是否该做自由职业

初期刚开始尝试用技能进行变现的时候，赚多少钱不重要，收费的举动很重要。除了倒逼自己不断提升技能，更重要的是测试市场。

首先需要知道你的技能在市场上会有什么样的需求，到底能给别人带来什么样的价值？别人是否愿意付钱给你，愿意付多少费用给你的某项产品或服务？

找不准这个，就很难找到价值变现以及稳定增长的路径，尤其是将来想实现顺利过渡，从兼职副业走向自由职业或直接创业的人。

所以我建议大家一定要做好两个测试：收入测试和饱和度测试。

### 1. 第一个测试：收入测试

当个人副业收入达到一定程度时，就可以跨越第一个阶段进入第二个阶段，开始考虑真正的自由职业之路了。

我来举个案例，大家就会有感觉了。

“90 后”女孩文清，在做全职工作时，副业变现了差不多一年，才正式辞职。

她大学的专业是平面设计，自己也很喜欢手绘画画，可以说这就是她的优势技能。毕业之后她的工作是市场营销，可是她一直念念不忘自己的兴趣。于是从某天开始她坚持每天手绘一幅画，并拍照发在自己的朋友圈里，没想到吸引了许多朋友的关注。还有很多人向她表示，愿意跟她一起画画。于是她先尝试做了个 21 天画画打卡营，一开始是免费的。为了约束大家的输出行动，她设计了专门的打卡机制，每人只要交一定的押金就可以参加。在训练营期间每天坚持画画，在群里发照片打卡，押金就原价退回。如果中途有一定的天数没有画画或忘记打卡，就会相应地扣除一定比例的押金。这种方式得到到了大家的认可，有很多想要尝试画画的人加入。渐渐大家开始不满足自己业余画画的水平，想要学习更加专业的技能。这时文清快速抓住大家的痛点需求研发出了一套入门级的手绘课程，顺势开出了自己的画画训练营。这套课程一推出同样深受大家的喜欢和响应，每期都有几十个甚至上百人报名。她的训练营课程从最初的 99 元一期逐渐涨到 399 元。在一年里，她差不多做了七八期训练营，基本上每一两个月就能开出一期。虽然课程单价提高，却没有影响大家报课的热情，还有明显上升的需求。第一年她靠画画训练营获得的副业收入就基本超过了全职收入。

那是她最迷茫的时候，她很困惑到底要不要辞职，找我聊过之后下定决心辞职，全职来运营自己喜欢而且擅长的画画事业。

其实，这个案例中就出现了一个非常明显的信号，当副业收入超过全职收入，或者跟全职收入持平的时候，就是可以考虑辞职来发展自由职业的好时机。

但是如果经过市场测试后，发现这项技能变现的能力并不强，比如有的人月薪是一两万块钱，而副业只能赚到几百或者一两千。这时候，他可能会质疑，是不是这项技能不适合用来变现呢？

答案是不一定的，有可能是选择的变现模式不对。

还是画画这项技能，如果选择的是自己去卖画，这条路可能就很难走通，因为大部分人既不是专业学画出身，也不是知名的画家。而如果是去教小朋友画画或做 Logo 设计、海报设计这类副业，可能就非常有市场需求。所以大家需要好好思考的是自己拥有的某项技能到底有哪些应用领域，哪些领域的需求量比较大且容易变现，哪些人最有可能会需要这项技能而且愿意支付较高的金额。

再来举个我妈妈的例子，她在火山视频上主要展示的技能是手工编织。当她拥有上万粉丝的时候，就开始有人找她定制衣服了。

我们都知道一件衣服的价格可以卖几十块，也可以卖上千块。定制产品的价格往往取决于两个因素，一个因素是用来编织的毛线的材质和衣服的款式，另一个因素是手工质量。也就是说，如果她编织的是大众款式，使用的也是一般毛线的话，尽管是手工定制，价格依然也上不去。

而且我妈妈年纪大了，眼睛也不太好。手工是很费时间的，同样一个款式的衣服，无论毛线的好坏，编织的时间都差不多。很显然，如果走大众路线，那么势必销量就需要提升，才能有比较不错的收入。可一个人的时间就那么多，只能干这么多活。所以最后我指导妈妈走高端定制的路线，用最好的羊绒毛线或天然亚麻等材料编织新颖的服装款式或配饰，结果受到高消费人群的喜欢。每个月她只要接三四个订单，就可以达到差不多上万元的收入。虽然成本肯定比低价产品高很多，但利润还是很不错的。而且她还不用那么忙，可以选择性地接单，也有空闲时间来开发新产品。

对60多岁已经退休的妈妈来说，这绝对是一笔可观的收入。而要是选择走低价路线的话，就会干得很辛苦，一个月能赚到一两千元就不错了。

所以很多情况可能并不是技能本身的问题，而是变现方式有问题，导致你没有良好的变现结果。

那接下来，可以怎么做呢？

首先想想自己的技能可以应用的领域，要把能想到的所有领域都一一写下来，然后去做一下市场调研，看看这些领域有哪些可能的职业，以及市场的平均薪酬是多少。

有个很简单的方法帮助大家做这个调研，可以根据所选的行业和变现方向去智联或猎聘这类招聘网站搜索相关的职业，就知道未来有多少赚钱空间了。

当然也可以向从事这方面工作的朋友咨询，或者付费向这个领域的专家直接请教，请他们直接分享经验甚至帮你评估选择的方向是否有前景。这个付费是绝对值得的，你能从中快速发现自己的差距，从已经走通变现路径的人那里借鉴成功经验，节省大量宝贵的试错时间，迅速跨越瓶颈。现在也有很多这类行家的咨询平台，比如“在行”“知乎”等，我自己就在“在行”上注册行家的身份，也有人通过那个平台向我一对一咨询。

### 2. 第二个测试：饱和度测试

除了收入测试以外，还要做饱和度测试。什么是饱和度测试呢？就是要测算出在正常工作以外做这份副业，你需要花多少时间。要计算一下，每天需要做多长时间、每周又要花多长时间在这项副业上。

比如你有一项优势技能是写作，想通过这项技能来变现。你开了一个微信公众号，每天下班后花一个小时用来写作，逐渐积累了一些粉丝，偶尔也收到一些读者的打赏。但这个收入是远远不够的，更谈不上未来的自由职业了。于是你找到了另外一个变现的路径，就是给一些读书平台写拆书稿。那现在呢？你写拆书稿，每篇的收入差不多是 1 000 元左右。每周你大概要花 10 多个小时看书然后写稿。经过统计，你的业余时间还是不够满的，也就是说你的饱和度还是不够。如果你全职出来自由职业的话，一是你的收入还难以满足生存的需要，二是你日常工作的时间也远远比不上你目前正常工作的时间。这种状态就是有问题的，你完全没有必要这个时候出来，最好还是保持这种兼职的方式，而副业正好可以增加你的收入。

除非你找到了更多更好的变现方式，比如说我的私教学员弘丹，她也是通过写作技能来变现的。五年前她开始在工作之余写文章，在微信公众号刚刚兴起时，开了自己的公众号，连续两年坚持每天发布原创文章，积累了几万粉丝。后来她出了两本关于写作和个人成长的书籍，并且开设了写作训练营，教零基础的小白写作技巧，还创建了千人写作社群，副业收入也早已超过她的全职收入。除了上班，她所有的业余时间都用来写文章，研发课程、讲课、运营社群。去年她刚生了宝宝，明显感觉时间不够用了。

如果她辞职的话，就可以腾出更多时间，专心从事自己的写作事业，研发更多的课程，写更多的书稿，甚至建立团队服务社群成员。

显然，弘丹就很适合出来自由职业或全职创业，当她全身心投入后，就有精力发展更多的变现路径，扩大事业版图，而这些都是她兼职时很难兼顾的。

所以经过饱和度测试后，要是发现业余时间都用不满的话，就不要考虑自由职业了。因为虽然时间可能是自由了，赚的钱却可能不够多，没办法养活自己。而当工作填不满时间的话，人也很可能会变得越来越空虚和焦虑。

千万不要相信媒体宣传的创业就一定要心无旁骛，要 all in。这是有前提条件的，要么你做好了财务上的准备，有一定的心理承受力能熬过创业初期的市场测试阶段，要么你已经找准了变现方向，只差全情投入扩大规模了。

如果上述这些准备都没做好，那就还是乖乖选择最保险的方式吧。这种稳定收入＋兼职技能变现的组合模式比较适合还在变现探索阶段的人，或者兼职收入还不足以支撑日常生活的人。

利用这个兼职的过渡期来测试市场，可以让你相对从容地找到更合适的变现路径，大大降低创业风险。否则如果一上来就直接做自由职业，当发现收入很少无法支撑日常生活时，你的心态可能会有变化，也会打击你的创业热情，容易失去继续探索的勇气。有时候创业只要再坚持一段时间进行新的测试，就能找到更准确的的市场方向。但由于生活失去了基本保障，人们往往选择中途放弃。

所以总结一下，在正式辞职进行自由职业前，需要找到合适的有明确增长空间的技能变现方式。经过收入测试以及饱和度测试之后，当副业收入已经可以和自己的主业收入持平、业余时间也已经远远不够用的时候，就是可以考虑正式开始自由职业的时机了。

# 1.8 做自由职业前该做的准备

通过前面的两个测试，如果你确定自己可以通过个人价值变现，想要进行自由职业时，我也建议大家要做好以下的几个准备。

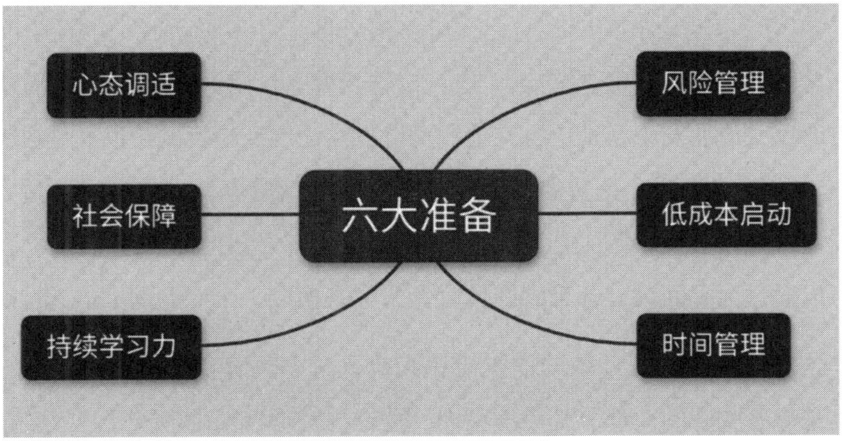

### 1. 第一个准备：风险管理

尤其是在正式辞职前，要有一定的心理预期，比如可以接受多长时间没有收入。前面讲到的副业收入超过全职收入或二者基本持平的时候，当然是比较好的辞职时机。可有些人在没有达到这个条件的时候就辞职了，怎么办呢？那就要做好预期管理。要为这段可能没有收入的时期，准备好充足的生活费用，一般至少要留出半年甚至一年的日常支出。如果有些人还会选择再去进修学习某项技能的话，这部分参加培训的费用也需要提前准备。千万不要在没有任何资金储备的时候就贸然辞职，把自己陷入财务窘迫的境地。

### 2. 第二个准备：低成本启动

要梳理清楚哪些是绝对必要的投资，设法降低启动成本，千万不要做无谓的投资。比如漂亮的个人主页、专业的营销策划等，这些在创业早期都不值得花大量的金钱投入。因为在市场测试阶段，未来的变现方向还不明确，要尽量减少不必要的开销，这些完全可以等到开始赚钱后再逐渐完善或加大投入。

重中之重，要先弄清楚有什么是绝对必要的投资，并把这部分投资降到最低。

此外，如果实在需要的话，还可以请当律师、平面设计师或计算机程序员的家人或朋友来帮忙，也许他们可以提供无偿或廉价的帮助。尽可能利用手上的已有资源、免费的互联网工具减少启动成本。再或者，通过自己的技能跟别人交换，获取自己所需的服务。比如有人知道如何进行媒体宣传，就可以通过为平面设计师策划媒体宣传方案来换取一个专业的Logo设计。

这样，一方面在开始阶段能避免因投入过多而背负资金压力，另一方面也意味着收入的大部分都是净利润，可以更好地保障财务安全。

总之，成功的自由职业者都很注意低成本启动，一边启动一边试探市场前景，花尽可能少的钱以最快的速度建立起自己的业务，同时持续进行调整、改进和迭代。

### 3. 第三个准备：时间管理

不少人都会在主业和副业工作同时进行的时候感到巨大压力。如果每天全职工作 8 小时外还要做几个小时的副业，相信很多人都会坚持不了几个月，就恨不得立马辞职。而一旦辞职，就会发现对自由职业者来说最大的挑战依然是时间管理。辞职后，看起来所有的时间都是你的了，但没有领导来给你安排工作，就必须得学会自己给自己安排工作。很多人在两种生活状态切换时会感到极度不适应，可能刚开始的一个月很兴奋，但随着工作量以及收入的不稳定，就会感受到巨大的落差。

成功的自由职业者一定是时间管理的高手，既能合理安排工作，又非常注重时间的高效性。只有自律才能让你获得真正的自由。

那么如何进行有效的时间管理呢？我给大家提供几个行之有效的策略：

（1）注重精力管理

不同时间对人来说并不是同等重要的，有的人清晨更高效，有的人上午 10 点左右更高效，而有的人晚上更高效。所以将一天中最重要的工作安排在效率最高的时段会事半功倍。早起一两个小时其实可以干很多事，比如早起一小时可以写一篇千字文章；手绘日签达人洛思思一直坚持早晨 5 点多起床，每天早上画一幅日签。我认识的一位大学老师晚上 10 点之前睡觉，早上 4 点就起床，她的很多教学以外的研究和文章都是在清晨完成的，因为早上她读书写作的效率和质量都最高。当然有些人晚上会比较高效，比较多的自媒体人或设计师都更喜欢晚上干活，但我不建议特别晚睡觉，尤其是晚上 11 点以后。晚睡对身体健康实在没有好处，长此以往把身体弄垮了不值得。身体才是革命的本钱，尤其未来想从事自由职业或创业，都需要健康的身体才有机会打赢持久战。所以相比之下，我更提倡早起。

（2）利用碎片时间

比如等公交车、地铁、银行排队等碎片化的时间段都可以有效利用。我在地铁上经常做的就是搜集写作素材、看文章或者回复微信等不需要大块时间做的琐碎事情。一般我不会在碎片时间看书，因为要么环境比较嘈杂要么时间很有限，不利于需要持久专注力的工作。

（3）减少玩游戏、刷抖音等消耗时间的活动

在移动互联网社交时代，有太多娱乐选择，注意力也容易分散。想想看，是不是本来打开抖音只想看个 5 分钟，却不知不觉过了几个小时。这些消遣活动通常只要一开始，基本上半天时间就全搭进去了，之后你又会觉得很沮丧，又浪费了几个小时。当然如果有些人的工作内容之一就是在抖音上发布短视频则不在本条讨论之列。

（4）学会说“不”

对一些与自身目标无关的活动和请求说“不”是腾出时间的必备技能。最简单的，比如可以不接那些陌生的推销电话，不进行那些无效社交。我喜欢的一位插画师甚至会拒绝那些廉价的、只是需要重复性或没什么挑战的订单。她的目标是做一名有特色的插画师，宁可用这些时间来学习、创作或者参加一些即使没收入但很重要的比赛。这些看似一时半会儿没有什么产出，但对她专业方面的成长却是极其重要也非常有帮助的。我们每个人都需要学会取舍，做出对事业和人生更有价值的选择。

（5）为工作排序、分清轻重缓急

根据 80/20 时间分配原则，应当避免将时间花在琐碎的、哪怕是多数但

不重要的事情上，因为即使花了 80% 的时间，也只能取得 20% 的成效。所以，做好工作的优先级排序，为最重要的工作分配最多的时间和精力，才能保证最大的产出。

（6）利用工具做好工作规划

随着工作内容的增多，一定要做好日常的规划和安排，不要有遗漏。我比较习惯的是用手机自带的日历和清单工具，日历用来做日程安排和提醒一些预约；清单工具则用来做每日计划，标注出待办事项，做好后及时勾掉。当然也可以用纸质日历，还有些人喜欢自己制作手账，各种方式都可以，根据自己的喜好选择就可以了。总之，目的就是帮你把日常的工作和生活安排得井井有条，让一个人的工作变得像一家公司一样高效。

（7）统一家务管理

集中精力高效地解决采购、清洁、收纳等家务活动，保证有整块的时间来从事副业。现在，网上就可以采买一切的日常生活品甚至包括生鲜之类的菜品。只要每周做好规划，一次性就可以全部采购到位。至于清洁、打扫、收纳之类的工作可以安排固定时间每周定期处理。

总体而言，就是减少时间的浪费，做好时间管理，以便高效完成既定目标。这也是自由职业的重要秘诀之一。

### 4. 第四个准备：心态调试

自由职业最容易出现的心态是焦虑，很大是收入波动引起的。全职工作时收入是稳定的，每个月到了发薪日，就会有一笔固定的收入打到你的账上。而自由职业的收入是不稳定的，有时候几千元，有时候几万元，有时候没有。这往往说明你的业务方向还不够稳定，还未找到最有可能稳定出单的业务。这个时期的挑战也最大，需要不停地测试市场，各种可能产出的方式都要去尝试，不断摸索哪种方式更适合自己，出单转化率更高。

像做咨询，我跟合伙人发现我们去讲半天的股权课程时，学员最有可能转化为咨询。也许当时不一定马上转化，但当他们后续有需要的时候，就会第一时间想到我们。

之前提到的我的妈妈悠外婆，只要她一发新品的视频，就会吸引粉丝向她定制服装或跟她学习编织。

所以不能只是盲目焦虑，要学会观察和分析自己的业务收入到底是怎么来的、什么途径或方式最有效。要学会总结复盘，那些有效的方法要多做，无效的就不做。

**5. 第五个准备：社会保障**

对于自由职业者来说，这是非常现实的问题，千万不要忽视。社保中养老保险和医疗保险是最有用的。社保的最低年限是累积缴满15年，退休后才可以领取养老金以及享受医疗报销。按照不同地区的不同规定，可以享受不同程度的福利。有的人没缴够年限就不缴了，那之前缴过的社保就都白交了。

自由职业者相当于是自雇人士，一定要注意及时缴社保，可以少交，但不要不缴。

缴社保很简单，我给你介绍两种途径：

（1）自己去当地的人力资源和社会保障局缴纳

只要带上身份证、户口本及相关资料到人力资源和社会保障局办理相关手续就可以了。个人交社保跟公司缴纳的社保有些不同，公司一般交五险，包括养老保险、医疗、工伤、失业和生育保险。个人社保只能参加养老、生育以及医疗保险三种，是最基础的社会保障。

（2）找专业的人力资源公司代缴

这种方式很简单，只需要支付一些服务费用就好了。

### 6. 第六个准备：持续学习力

作为一名自由职业者，想要竞争力和收入都在上升的通道上，就必须要持续学习。正如梁宁老师提到过的："我们自己的人生也是迭代的产物。"

从一个最好的内核开始，经过一个一个动作的持续迭代和一次一次微小的选择，就会成就我们自己这个产品以及每个人的人生。

今天在一个什么样的点位上没有那么重要，重要的是在未来的几年里，会用什么样的方式持续迭代。

经验和成就代表过去，学习力才代表未来。

最后大家会发现，那些能够持续学习、善于思考和总结的人才能抓住属于自己的小趋势，一路顺风地走下去。

以上就是踏上自由职业之路需要做好的六个准备：低成本启动、时间管理、风险管理、心态调试，社会保障和持续学习。希望你能充分运用自己的优势，找准变现方向，勇往直前地走好未来的自由之路，品尝自己的人生糖果。

第2章

# 自由之路开始启航

# 2.1 脱离公司的缰绳，做自己的 CEO

又是一个送完女儿去学校的早上，坐在家附近的咖啡馆，打开熟悉的电脑开始写作。此时此刻我感到自己的身心是彻底自由的，完全不像之前上班的时候。

虽然很多专家都一再强调，无论上班还是自雇，都要把自己当作 CEO 来经营“自己”这个产品，但我知道这只对极少部分人适用。对于大部分人来说，只是在脑子里闪念一过，意识上认同此理念，可在有稳定工作的期间就是难以找到感觉。

除非像我现在这样，完全没有工作的保障，无论从精神还是实质，都不得不当自己的 CEO。首先要做的就是把自己这家公司运营起来，想办法自食其力，获得收入养活自己。

所以，其实创业并没有想象中的那么难，失业的那一天就是开始真正当老板的那一天。以前无须操心的事情，现在则会一股脑地钻进脑子里。只要在这种状态，每个人绝对会自动自发地担起CEO的责任。这才真正验证了“屁股决定脑袋”那句话，无论是否准备好，都得真枪匹马地上阵了。而且确实开始关心该如何为自己这家公司赚钱了，因为再没有哪家公司会每个月稳定地往自己的银行账户上打一笔生活费了。

假如你正好是自由身，相信肯定会明白，为什么在上一章我强烈建议你要尝试收费、做市场测试，甚至是先副业变现到一定程度再辞职了。

若是你听了我的话，第1章的那些准备都做好了，等到真正辞职后肯定会很开心，终于可以心无旁骛地大展商业宏图了。

### 1. 个人定位

前期尝试过变现的人应该会有感觉，什么方向会有市场钱景。对，就是金钱的钱，这个钱指的就是市场需求。也是我将要讲的，是时候需要给自己一个定位了。

下面总结出一个关于个人定位的公式：定位 = 核心优势 + 市场需求。

市场需求决定了你拥有的技能未来所服务的试产共有多大，用最简单的话来说，它决定了技能拥有者的赚钱空间。

还记得上一章讲过的核心优势吗？

若是有很多兴趣，不知道到底要发展哪一个成为自己的核心优势，就可以把市场需求这个维度作为筛选的一个标准，选择出一个有前景的方向进行重点培养。

而那些有多项优势技能的人，在做个人定位时，就可以选择那个最有市场需求的优势作为主要定位以及未来想要打造个人品牌的方向。

### 2. 实践中的技巧

在具体实践的过程中，我也总结了两个技巧。

（1）小步快跑不断迭代

在早期，很多人尝试的方向都会比较宽泛，没关系，先分别发展一段时间测试一下市场，看看各自的市场需求如何。在测试市场时，自然会发现一些明确的信号，就知道该怎样选择，进一步聚焦定位了。

比如说有位关系教练，本来什么家庭关系、同事关系、亲子关系之类的服务都做。但后来发现跟她咨询的大多是亲子关系方面的内容，而且给她的反馈又特别好，那么慢慢就可以把自己定位在亲子关系教练这个方向。

或者，假设有些人一开始定位的方向市场需求量并不大，大家反倒对他的其他的技能比较有兴趣，那就可以尽快转换方向，尝试其他定位。比如一位瑜伽老师，在平时教瑜伽的过程当中，很喜欢跟学员分享一些心灵成长方面的内容，后来她发现大家对心灵成长更有兴趣，还愿意付费找她寻求帮助，而她的教练效果又特别好。反而是瑜伽老师的市场竞争激烈，很难做出特色，这种情况她就可以尝试把自己的定位改成心灵成长方面的教练。

拿我自己来说，我的定位也不是一蹴而就的。早期我在线下沙龙分享过创业的内容、企业商业模式的内容、股权设计的内容等，直到我分享了个人商业模式的话题后，发现几乎所有参加活动的人都对价值变现这个话题感兴趣。于是我就连续做了好几次这个主题的分享，也在公众号中连载这方面的内容，获得了很多积极反馈。后来，就把自己定位成个人价值变现教练。

（2）要尽量聚焦统一方向

还是前面的那个瑜伽老师的例子，给大家再分析一下。瑜伽老师和心灵成长教练这两个标签完全可以很好地融为一体，瑜伽是有关身体健康方面的修炼，心灵成长是有关心理健康层面的修炼，对每个人来说这两方面的成长并不矛盾，还会互为促进。所以那位瑜伽老师就可以把自己的两个身份整合成身心合一的定位，变成身心灵成长教练。

可是，有的人觉得自己的几个标签没有任何相关性，很难整合在一起，怎么办呢？那么可以做一些取舍，看看哪一个定位可能会更适合这个市场，以此作为个人的主要定位。可我更想说的是，很少有人喜欢的领域会完全没有关联。很多时候看似不相关的两个方向，在本质上都能找到一些内在的联系。表面上可能不太容易联想，但经过深度挖掘和思考，总能找到它们之间的相关性。所以还是尽量发挥你的创造性思维，尝试去发现看似不同事物之间的内在连接。

# 2.2 大多数人认为的创业逻辑根本行不通

有位女生是英语教育专业的硕士，曾找我做咨询。她想尝试的定位方向是英语老师，花了大量的时间跟我描述即将要开发的产品，她准备做一个非常棒的英语培训课程，而且已经开始研发动笔写教程了。

听了她的思路，当时就问她，“你的课程准备讲给谁听？”她说所有人都可以听。

我心想，“坏了，她这个产品很难成功。”首先，没有任何一个产品可以被所有人认可，不可能让所有的人都使用你的产品。即使像可口可乐这样的产品，也不是所有的人都需要的。像那些糖尿病患者、正在发育中的青少年就不适合喝糖分这么高的饮料，何况还有那些不喜欢喝碳酸饮料的人。

要知道很多人创业失败并不是因为没有办法做出一款自认为很棒的产品，而是因为根本就没有人愿意买他们精心做出来的东西。

### 1. 不要盲目做产品

大多数典型的失败创业者的经历是这样的：

① 创业者有了一个想法和方向，就想可以做出什么样的产品，然后可以靠此赚钱。

② 他可能开始写商业计划书，设计出了一个非常完美的商业系统。

③ 他开始花钱或花时间生产自己想象中的产品，尽可能把产品做得尽善尽美。

④ 有些有营销意识的人开始打造品牌，起了一个好名字，然后又设计了一个非常漂亮的 Logo，甚至开始制作漂亮的宣传推广材料。

⑤ 到了最后，他终于开始出去找客户了，这时候他已经花了大把的时间和金钱。当他接触到客户，才意识到最初的想法就有问题，很多时候客户根本就不愿意购买他的产品。于是他不得不推翻原有的思路，重新从①开始。

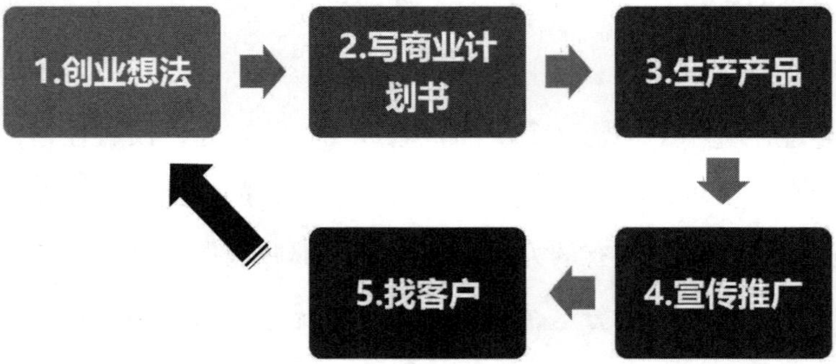

结局往往是他们折腾了一大圈，以把创业的投资准备金亏光而告终。很多创业者因受到挫折甚至会觉得自己不是创业的料。

遗憾的是很多创业者都是这么开始的，也是这么失败的。哪怕你说自己做的是虚拟产品，正如前面想做英语课程的女生，虽然开发课程不需要花费什么钱，但总要花费人力和时间。时间和人力都是可以折算成金钱成本的。

经济学上有个定义叫作机会成本，指的是为了得到某种东西所要放弃另一些东西的最大价值。举个例子，还是这个女生，如果她选择上班的话，工资收入是每月 1 万元，她自己创业研发课程最快需要花两个月时间，这期间她没有任何收入。如果她开发出的产品第三个月就能赚钱了，那她的机会成本就是 2 万元。要是她开发的产品卖不出去，就需要重新定位和改进产品，直到有人愿意付费购买，才算成功迈出了第一步，在此之前的所有努力都不算。前期那些没有产生收入的时间都是她的机会成本。

所以从开始创业到赚钱的时间当然是越短越好。从经济学的角度来讲，越早开始产生收益，机会成本就越小，投资收益就越大。只是很多人意识不到时间这种隐形成本而已。

很多创业失败往往不是因为商业模式或团队有问题，而是前期开发产品花的时间太长被拖死的。要么是还没来得及等到产品上市，就没有资金了；要么就是失去信心不愿意再继续投入，以至于非常遗憾地被迫终止项目，不能走完从 0 到 1 验证市场的环节。

### 2. 不要服务所有人

大多数毫无经验的初创业者总以为自己可以服务所有的人，很难控制为所有客户开发产品的冲动。这绝对是个“陷阱”，所有人不可能都是目标客户，创业者不可能服务所有的人。

比如前面那个女生想开发英语课程，有人建议说早教英语培训市场好；

有人说成人英语有需求；有人又说绘本学习法比较好，孩子们很喜欢……显然这些群体都可能是目标客户，可他们的需求又各自不同，需要不同的产品来满足。而研发每类产品都需要花费时间和消耗资源。你该选择哪种入手呢？如果她选择其中一种做出了课程，却发现没有足够的客户购买，肯定会陷入困境。除非一上来就找准了目标市场，否则她很有可能没有足够的时间和资源继续去做产品。

所以，想通过技能变现，一定要先弄清楚哪个群体最有可能需要你的技能，愿意为你的产品或服务付费。这个群体才是你的目标客户群，他们意味着个人定位里非常重要的一个因素——市场需求，你的目标客户群就是市场所在。

### 3. 成功的创业逻辑

成功创业的逻辑正相反。在创业初期，客户比产品本身更重要，只有找到有客户需求的市场才有必要开发产品。

成功的创业者根本不是冒险家，他们追求的是可预期的回报。真相通常是他们真正发现了有利可图的商机和潜在的买家，甚至已经有客户在那儿等着迫不及待地要为你即将推出的产品或服务买单了。

无论那些最伟大的商业成功案例还是你身边的某个通过创业致富的亲戚朋友，大多数都是因为早期先找到了客户，了解清楚他们的需求之后才有针对性地开发产品的。通常不是先生产一款自认为完美的产品再去找客户。

人们愿意花钱买你的产品，主要是因为他们遇到了想要解决的问题，市场上没有能够提供的解决方案或者是已有的解决方案不够好，再或者是已有的解决方案价格太高人们消费不起。

一创业开始就写商业计划往往是纸上谈兵，不如去跟设想中的客户谈一谈你的想法，看看他们对你的创意是否有兴趣，是否愿意为你假想中的产品或服务买单。

可以说，这几点跟典型的失败创业者的路径完全不同。如果想通过个人价值变现的方式创业，就要了解真正成功的创业该从哪里开始。

创业成功的首要条件是找到客户，无论个人还是企业。没有客户，任何人的技能都没有用武之地。找不到对自己技能感兴趣而且愿意付费的客户群，就没有必要开始设计产品或服务。创业者的当务之急不是盲目开发产品，而要以目标客户群为中心，寻找市场中没有被满足的需求，然后在此基础上做产品。

初创小公司以及个人更适合精益创业，一切都尽量以最小的成本，快速迭代，哪怕失败也是以最小的代价快速失败，大公司那套成熟的玩法根本不合适。

# 2.3 钻石模型帮你找到目标客户群

对于拥有技能想要价值变现的人来说，首要任务就是找到目标客户群。

给你介绍一个好用的方法，叫作钻石模型法。想象一下，钻石的形状有点像菱形，而钻石模型就是用来比喻先发散、再收敛的过程。

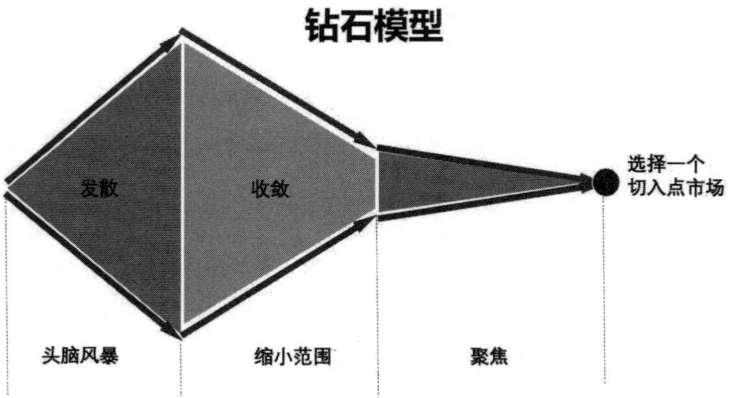

### 1. 发散阶段

发散阶段是第一个阶段。尝试用头脑风暴的方法来疯狂想象，自己的这个技能到底能服务哪些客户群体。值得注意的是，在进行头脑风暴的时候千万不要自我设限，要尽可能多地设想各种可能性。

可以先列举出各种潜在的市场机会，甚至包括你认为不可能的那些“疯狂念头”。先不要否定它们，这些疯狂念头也许能帮助拓展可能性，让你发现意想不到的商机。

比如一位优势技能是画画的人，需要头脑风暴的就是，有哪些群体可能会需要画画这项技能。请尽可能地发散畅想，越多越好，然后记录下来。

比如说学校或艺术类培训的美术老师、公司里做设计的人员、海报设计师、游戏行业的原画师、服装设计师、插画师等。我们再试着疯狂一点，还会有哪些群体呢？比如说学校里要出板报的学生、儿童绘本作家等。

在这个阶段，一定要做到发散思维，我们要做的是探索一切可能性，才有可能找到最合适的目标客群市场。

如果觉得自己想不出来的话，也可以邀请其他人一起进行头脑风暴会，借助别人的力量共创，设想出更多的可能性。

你可以专门花上半天或者一两个小时的时间，邀请一些比较熟悉、对这个话题也比较有兴趣而且愿意分享的朋友参加这个活动，共同来探讨这个技能有可能会帮助到哪些客户群体。相信大家的智慧一定能够帮助找到十几个甚至几十个潜在的目标市场。

### 2. 收敛阶段

当风暴出这些目标客户群之后，就可以进行第二个阶段了，即收敛阶段。这时需要做的是筛选客户群，进一步缩小范围。从风暴出的所有市场中选择出 3 ~ 5 个最感兴趣的客户群体。

在进行筛选时，可以参考以下几个标准：

（1）目标客户是否有充足的消费能力

如果目标客户没有钱，消费能力就比较差，这个市场就缺乏吸引力，因为它难以持续，无法持续支持你的业务。

（2）目标客户是否有充足的理由或者迫切地需要你提供的产品或服务

首先来看目前他们遇到的问题到底痛不痛，是不是非解决不可的问题。

就好比有人现在得了病，若是感冒发烧这类小病，随便哪个医院或药房开点药就可以解决，或是在家里多喝水多休息就能扛过去了。但如果得了重病，严重困扰了他的日常生活，甚至是有生命危险的疾病，那他当然更有动力想要快速解决。比如那些得了癌症的患者，哪怕有一线生存的希望，就算是借钱也会想尽办法找好医院、看好医生、买很贵的药积极治疗。

如果他们遇到的是非解决不可的问题，再来看你提供的产品对他们是否有足够的吸引力。

比如市场上已经有能够治疗某种疾病的药品了，那你推出的新药是否效果更好或者在同等治疗效果下，价格更低呢？

所以，要是发现别人对你提供的解决方案不在乎，就有可能是他们遇到的问题还没痛到非解决不可的地步，没有足够的动力找你来解决。再或者就是你提供的解决方案不足以好到让他愿意为此而放弃其他选择。

（3）目标客户群体的规模有多大，这是否是一个广阔的市场

这个问题指的是，市场上是否存在很多人都有的类似需求。需要的人越多，未来的业务可能就会越好。比如有些自由职业者是做职业生涯规划的，

职场人士是一个巨大的市场群体，会需要很多具有专业技能的生涯规划师来为他们提供服务，这就是一个不错的有潜力的市场。

（4）这个市场是否长期存在，还是只是昙花一现的短暂需求

长期存在的市场才会有长期的需求，业务才有可能长期经营下去。有些生意只是一时市场的火热，刚推出时人们感到新鲜，蜂拥而至竞相购买，卖完一波就再也卖不动了。这种短暂的需求就不是长期的好生意。

以上这 4 个问题就是可以作为筛选目标客户群的标准。仔细思考，回答出这几个问题，就能帮助你进一步缩小范围，初步筛选出几个比较有市场潜力的目标客户群了。

对于创业者来说，时间是非常宝贵的资源，必须对每个市场进行深入调研，才能弄清楚他们各自的需求。但是创业初期，又不可能花过长的时间考虑太多选择，因此运用钻石模型选出 3 ~ 5 个目标客户市场，就已经足够了。

# 2.4 聚焦聚焦再聚焦，只留下一类目标用户

上一节我们通过钻石模型的发散和收敛两个步骤，筛选出了3～5个有可能服务的目标群体。

这样就够了吗？就可以开发产品了吗？

不行，还不够。最好继续筛选，直到最后选出一个目标客户群体作为你的切入点细分市场。

定义一个目标客户市场一般有三个条件：

① 市场中的客户都购买类似产品。

② 市场中的客户具备相似的销售流程，期望产品以相似的方式提供价值。

③ 市场中的客户容易形成口碑效应。他们可以高效、可靠地推荐好友购买你的产品。这样的客户可能属于同一个职业圈或在同一个地区工作。

### 1. 案例：某防晒霜初入市场的用户选择

美国麻省理工学院的一个博士生曾经想要把一项突破性的防御紫外线技术推向市场，他们找到了防晒霜这样一个应用领域。

可是使用防晒霜的人群非常多，到底先推向哪个群体最有效呢？

经过分析，他们最后选择了一个非常细分的市场，就是铁人三项赛中三十多岁的极限运动员。

当运动员了解了他们的防晒霜产品后，非常乐意尝试，于是这种专业防晒霜就首先被顺利地推向运动市场了。

后来这个从大学实验室出来的创业团队发现，运动员使用产品后觉得效果不错，也愿意为他们代言。这就说明对防晒效果要求更高的人群直接给他们的产品做了可靠性背书，他们再进入其他甚至大众市场就容易多了。

因此，运动员市场最终被证明是他们的防晒霜产品进入市场的理想切入点细分客户群。

大多数人总会固执地认为，能使用的客户群越多，成功的可能性就越大。于是把创业当成投资一样，精力分散在不同的篮子里。

实际上这种想法是错误的，它只会降低成功的可能性。

创业者跟大公司不同，资源和时间都是非常有限的，专注于一个市场，才能集中所有的人力和资源，大大提高成功的可能性。

但对于大部分人来讲，要做到专注并不容易。

麻省理工学院前教授丹·艾瑞里曾进行过深入分析，他的研究表明，人们在面对多个选择时，即使明知其中一项可以获得最大的成功，也不愿意轻易放弃其他选择。

对于创业者来讲，必须要记住，只有“聚焦”才会赢。所以在初期选择目标客户群体时，必须聚焦聚焦再聚焦，直到选出一个目标客户群体作为你的切入点细分市场为止。

### 2. “聚焦”背后的原因

为什么一定要只选出一个目标客户群体呢？

因为不同群体的需求可能会不同，我们很难用一个解决方案去满足多个群体的需求。最好的方法是，先服务好一个客户群体，然后再迁移到其他的客户群体。

所以在创业初期，一定要把所有的资源、时间和精力都聚焦到一个核心群体上，这样才能最快速高效地验证这个细分市场。

这个切入点市场具有非常重要的学习意义，先选择一个规模较小的市场，让潜在客户熟悉。尤其是要先选择自己确实有信心能够服务好的那群人先做起来。千万不要一上来就挑战比自己更厉害的专业选手，那样只会让自己没有信心。

而且，只有“聚焦”某个细分市场才容易分析客户，弄清楚他们这个群体到底有哪些特点、更容易弄清楚他们的痛点，以及他们如何需要你提供的服务或产品。必须找到客户真正有需求的地方，未来提供的产品或服务才有可能卖得出去。

当选出最终的切入点客户群之后，结合拥有的技能先构思出可能的解决方案作为产品或服务的雏形。记住这个时候还是在构思阶段，先不用做具体的产品细节打磨。

接下来要做的是快速测试市场，在后面几节我会告诉你正确有效的市场测试和验证流程，现在还没到仔细打磨产品的阶段。

如果第一次选择的目标群体，经过市场测试后，发现效果不好。没有关系，再找第二个想要尝试的客户群体，继续测试就可以了。总之，每次只选择聚焦一个客户群体作为目标受众进行市场测试和验证。

请细想一想，你最想服务谁，哪个群体是你最有把握服务好的。是想服务青少年家长、女人、男人、退休人员，还是服务企业、非营利组织、企业家等。在筛选出的几个目标客户群体中，选择出一类你最感兴趣也能服务好的那个群体，作为最终的切入点客户群吧。

拿自己举例，我曾作为嘉宾给一家教练培训机构分享过如何进行个人价值变现。当时大部分来参加的都是有心理学背景、想要从事咨询或教练服务的人。

这家培训机构发现，很多学员学完教练技能甚至拿到国际认证后，根本不知道该怎么发展自己的教练事业。所以工作人员就向我提出了这个要求，希望我能从商业价值的角度进行分享，帮助他们的学员打开思路，快速开启教练事业。

这个教练学员群体就是同一类群体，可以说他们就是我的细分切入点客户群。他们的个人素质背景都很好，大多是企业中高管，本身的职业技能水平很高。如果顺利实现价值变现后获得的收入也很可观，能够支付得起请商业教练的费用，而且他们的付费意愿及能力也比较强，作为切入点客户群是比较合适的。

# 2.5 做好用户画像分析，精准定位你的目标客户

选出切入点客户群体后，就必须仔细分析，能够精准地定义和描述他们，也就是要有清晰的目标客户定位。

这个阶段最怕的就是针对“所有人”提供产品或服务。大家可能会问像宝洁这样的公司，或者可口可乐这样的公司，他们的产品不是针对所有人吗？当小企业经过长期发展成长为超级企业的时候，当然可以覆盖更大范围的客户市场。

可是在早期的时候绝对不行，一开始必须要找准一个明确的客户群切入，切入点客户群描述得越精准，风险越小，成功概率越大。

那什么是精准的目标客户定位呢？

就是我们可以给目标客户画“素描”，也叫客户画像。

我总结了客户画像的四大类内容：

（1）客户的基本信息

- 客户的性别
- 客户的年龄范围

（2）客户的社会属性

- 客户的收入状况
- 客户的职业
- 客户居住的地理位置

（3）客户的消费偏好

- 客户的购买动机
- 客户有何顾虑
- 客户喜欢购买哪些产品或服务

（4）客户的生活习惯

- 客户居住的地理位置
- 客户日常的生活
- 客户是如何休闲娱乐的，在哪里度假
- 客户读什么书、去哪些网站、看什么电视节目
- 客户喜欢什么、不喜欢什么

**【案例 1】小罐茶**

“小罐茶”在开始切入市场的时候，就清晰地设计了自己的切入点用

户画像。

他们把这个群体叫作茶小白，定义为 28 ～ 35 岁、对茶了解不多、年轻的新一代白领精英与职场新贵。

比起茶，新时代的年轻人似乎更愿意选择咖啡。因为在他们的心目中，咖啡更时髦便捷，而茶是陈旧、复杂甚至奢侈的代名词，很少也不愿意接触茶、体验茶。

这群人对茶不了解，所以更关注品牌。他们多为“80 后”“90 后”，居住在一、二线城市，更愿意消费有品牌有品质的东西，喜欢便捷、有品位的生活。

精准的目标客户画像让“小罐茶”在做产品设计时既注重外观包装，又倾力追求产品的品质。采用一茶一泡的独立包装，满足了不懂茶的年轻人的使用便捷性；采用时尚且有调性的外观设计，满足了年轻精英群体的颜值消费偏好。

所以，在只有茶品类没有茶品牌但茶文化又源远流长的中国，小罐茶可谓是一炮而红，进入市场短短几年就树立了自己“高端原叶茶”的品牌形象。

**【案例 2】凡客诚品**

以前那家在各种杂志上做广告卖男士衬衫的公司，他们一开始就精准定位在“懒男人”上。

所谓“懒男人”，就是那些讨厌去商场购物的男性顾客。他们对衣服的款式要求没那么高，只要能满足日常穿着需要就行。跟女性相比，他们的需求更容易满足。因此凡客诚品公司推出的衬衫和 T 恤都是基本款，每款都有几种常用的颜色，是很好的搭配单品，一推出就大受此类男士的欢迎。

可以说把“懒男人”作为切入点的客户群定位相当精准，是凡客诚品取得巨大成功的良好开端。

同样，对于个人来讲，不可能为所有人设计产品，初始切入点客户群的精准定位非常重要。

我的社群中有位做形象管理的女生，她在早期向我咨询时，我就让她仔细思考到底哪群人可能需要她的服务，同时她又有把握服务好。

分析过她的个人背景、技能水平以及所拥有的资源后，我建议她把客户群定位在初入职场的年轻女性上。因为这个群体面临社会角色的转变，从大学生到初入职场，个人着装风格及形象需要重新定位。她们基本上在 22 ~ 28 岁，从学生时代花父母的钱到进入职场开始自己赚钱，月薪收入从几千元到万元不等。她们对个人形象非常注重，消费欲望比较强烈；而且大部分还是单身，消费重心主要在自己身上。

当定位清晰后，她很快就找到了客户，一位年轻的职场女性付费请她做形象设计和管理。

另外，有很多个人在刚开始的时候，都以自己作为某种客户群体的代表，这也是不错的选择。因为自己就身在其中，最熟悉这个群体，最有发言权，往往能够洞察出这个群体的痛点和需求，从而对症下药。

所以，创业初期定义精准目标客户群非常重要，最好能具体描绘出这类客户群的用户画像。除了他们的个人基本信息以外，还要知道他们的生活方式、日常喜好、购买动机等。做好客户画像分析，精准客户定位，将大大有助于提高创业成功率。

# 2.6 两个基本假设，帮你做好用户探索

对于个人、初创公司的小团队，更适合精益创业的方法。尽量以最小的成本投入、最快的速度进行迭代，哪怕失败也要以最小的代价快速失败。运用这套方法能够帮助大家在短时间内验证市场，快速迭代，从而进行高效低成本的创业，节约时间，提高成功率。

## 1. 精益创业

精益创业的精髓是在早期产品还没出来的时候，就要去验证市场。而验证市场的前提是先去探索用户，要先想清楚你要服务谁，他们有什么样的痛点急需要解决，然后再去设计相关的解决方案提供给他们。这样当你的产品出来的时候，市场接受的概率会大得多。

所以根据精益创业的理论，当确定好切入点细分客户群之后，接下来

的工作就不是做产品，而是用户探索。

为了做好用户探索，我们需要先定义好两个基本假设。这两个设想就是用户探索阶段最重要的两件事情。一个是要去假设目标客户群的痛点，另一个是要假设出一个能够解决这个痛点的解决方案。

关于假设痛点，要去猜测客户的这个痛点到底有多大，它的这个痛点是不是持续性的痛点。关于假设解决方案，要先自行评估一下，你准备提供的解决方案是否能够解决前面假设的痛点，也就是说这个解决方案和痛点是不是匹配。

当假定完痛点和解决方案之后，就要直接把解决方案变成产品推向市场了吗？

不是的。

这时最好的办法是通过观察和访谈的方式，先去做市场验证。如果市场验证的反馈是正面和积极的，就可以尝试把解决方案变成产品推向市场。

反之，如果说市场验证的效果不好，就要尽快去调整，看看是不是找到的痛点不是真正的市场痛点，或者说是不是需要把原来假定的解决方案进一步改进和迭代。

在原来产品思维盛行的年代，通常都是公司先花一大笔钱生产出产品，然后再把产品推向市场。这种做法在以前物资匮乏的年代是可行的，因为那时候人们的需求很难得到满足，只要哪家公司能率先生产出产品，就能迅速占领市场先机。

可在当今物质泛滥的年代，大部分产品可以说都是过剩的，再用产品思维式的创业就很难行得通了。结果可能是市场对新推出的产品根本不接受，无人问津或只有极少数人有兴趣，导致前期花在产品研发以及生产上的成本投入就打了水漂。

尤其对于普通人来讲，没有雄厚的资金实力，资源也有限。那就更要减少在创业初期时的资金投入了，要学会花最少的钱最少的时间达到最快的成效。

举个例子，比如想做课程的人，在用户探索阶段先不要写出全部的课程，这是很花费时间的。要先假设谁会是课程听众，课程对他们的价值是什么。只要设计出课程大纲作为假设的解决方案，就可以去测试市场了。

这时候为什么不要花太多时间去写课程呢？万一课程不是客户感兴趣的内容，就是在浪费宝贵的时间成本。可往往很多想做课程的人一上来就闷着头开始写课，一写就是好几个月。

所以，在用户探索的阶段，只需用最简单的产品介绍来进行市场测试就够了。

### 2. 用户探索的流程

那可以怎么做才最高效呢？我整理出一个四步骤流程法。

① 假设痛点；

② 基于痛点做客户访谈；

③ 假设解决方案；

④ 基于假设的解决方案做客户访谈。

这是一个非常有效的在前期进行用户探索的流程。

**【案例 1】心理咨询师卖课程**

通过案例详细解读一下。

一位心理咨询师选择的切入点客户群是青少年的家长群体。

当然她选择这个方向可能是因为她正好有一个处在这一个年龄段的孩子。她对这个年龄段孩子的家长比较了解，也很清楚他们的状态以及困惑。如果是这样的话，那非常好。她本人就是目标客户群体的一个样本，因此她前期假设的痛点可能会非常准确。

但这里需要注意的是，即使觉得自己找到的痛点是准确的，我也建议她再去找一些其他的父母进行访谈。因为毕竟未来做的是商业，不能仅仅只是站在自己的角度来思考问题，她需要了解更大规模的市场。

接下来，我们来看看该如何具体运用 4 步法来进行用户探索。

① 假定一下痛点。

比如说家长可能会担心孩子有厌学的问题、早恋的问题、学习拖延的问题等。可以把所有想到的觉得那些家长可能有的痛点都罗列出来。这里针对每一个痛点都有可能是一个机会。

② 去找 10 个左右青少年的家长，跟他们直接进行一对一访谈。

像前面案例中的心理咨询师正好有这个年龄段的孩子，这项任务对于她来说可能就比较简单。她可以直接找一些熟悉的孩子同学的家长，跟他们各自约好一个固定的时间段，分别进行访谈。

要记住，这个痛点阶段的访谈，主要是去了解事实的。要充分利用这个客户访谈的机会，跟他们建立起深度的信任，作为访谈者要做的只是非常关切地去了解访谈对象。

比如说去了解这些青少年的状况以及他们父母的背景，包括孩子所在的学校和年级、学校老师的教学水平、家长的职业以及学历等。还可以去了解家长平时是怎样跟孩子沟通的、他们经常聊哪些事情、沟通的频率是怎样的、他们在跟孩子相处的过程当中经常会碰到哪些问题等。

总之，要去尽可能多地了解这些家庭的现状，跟客户谈话的主题应该尽量开放，以提问和倾听的方式获取更多信息为主要任务，而不是一上来就直接问他们想要哪些帮助。大家一定要学会观察，从这些访谈当中自己去发现这些家长可能会碰到什么样的问题，为什么会碰到这些问题，从而推测出他们的痛点需求。这就是客户洞察，厉害的创业者洞察客户的能力都非常强。

访谈的客户数量越多，就越能判断出哪些痛点被更多的客户关注，哪些痛点是客户自己没有办法解决或者自己解决得不好，急迫地想要借助外力解决的。尤其要注意的是这个时候不要主动去推销咨询服务，只需要了解信息就足够了。越是认真地倾听客户的声音，他们就愿意告诉你更多，而且更加信任你，因为你对他们表现出了关注。

这个观察和访谈的过程会帮助你去判断第1步假设出的痛点到底是不是大多数目标客户的痛点。

如果不是，就需要继续探索，寻找更多的客户再进行访谈。或者是返回①重新开始，直到找出目标客户群的明确痛点，再进行下一步。

③ 针对这个痛点假设出解决方案。

为什么还是假设呢？因为在这个阶段也依然没有必要做出正式的产品，还需要更进一步了解市场，为后续推出的正式产品能够成功上市储备对市场的充分认知。

这时假设的解决方案还只是脑中的一个初步雏形，但此时假设的解决方案，已经比在做痛点访谈之前就拍脑门设计出的解决方案更靠谱了。相比之下，这个方案会更加精准一些，很有可能它会成为未来推向市场的第一个产品雏形。

这个阶段的解决方案还不用设计得非常详细和完整，并不需要真实地去开发这个产品，只需要先假定一些核心功能就够了，然后用一页纸展示出来打算怎样去解决客户的痛点。概括来讲，可以采用一种视觉化的展示方式，让客户能比较直观地了解假设的解决方案就达到目的了。

还是这位心理咨询师，假如她针对客户的痛点假设提供的解决方案是面向家长的心理课程。

此时她需要完成的就是一个课程介绍说明书，比如说课程主题是什么、课程大纲是什么、通过学完这门课程能给学员们带去什么价值，他们的收获又是什么。这个阶段只要用一张纸把它展示出来，就足够了。

基于前面获得的那些客户痛点，完全可以初步设想出这个一页纸的解决方案。她根本不必花费时间去设计详细的课程讲授方面的内容。客户通过这份课程介绍就能大致了解她的课程内容了。

另外，关于设计解决方案，有一个非常好的方式就是可以从市场上已有的产品中去学习。先去研究一下市场上已有的同类型产品，设法了解使用过的用户评价如何。

还是前面那位心理咨询师准备做课程的案例，她可以先去研究市面上已有的那些面向家长开设的心理课程。看看哪些内容是客户特别感兴趣的，就可以直接借鉴，放在自己的课程大纲里。哪些是对很多家长来说没被解决的困惑，如果她能解决就很好，也要放入课程大纲方案中。她还可以把潜在客户关心的那些内容和痛点突出，在课程介绍当中明确地告诉大家，通过学习她的课程，除了可以了解到那些很多家长普遍关心的亲子问题以外，还能解决其他家长心理课程没有涉及或无法解决的问题。

所以，通过研究竞争产品在设计和使用上的优劣势会节省大量时间和金钱，可以快速了解哪些部分需要进行大改，哪些只需要完善，哪些又需要重新设计。亚马逊创始人杰克·贝佐斯曾说过："别人的不足就是我们的机会。"

总之，千万要记住，在解决方案说明中，除了基本功能以外，一定要讲清楚能够帮助用户解决哪些问题和痛点，对他们的好处和价值是什么。

④ 针对解决方案再做一轮客户访谈。

在这一轮客户访谈里面，只需要向客户展示一个演示版的产品，也就是刚刚写的这一张产品介绍说明书就可以了。听听他们的反馈，看看他们对这个解决方案是否有兴趣。

别忘了还要给你假设的解决方案设定一个价格。不要去问客户想要支付什么样的价格，相信如果你问他们的话，很多客户说的价格肯定比实际能支付的价格更少。

所以最好直接先设定一个价格，然后带着这个完整的产品说明去做客户访谈。在这个阶段做客户访谈的目的，依然不是去做推广。不要把它做成一个销售环节，这次访谈的重要目的仍然是去学习，去了解客户对假设的这个解决方案的反馈。

访谈最好的人选就是在前面一轮已经做过痛点访谈的那些客户，等于说继续把对他们的访谈向前推进。在了解他们痛点的基础之上，可以再去找到他们说，现在根据大部分访谈对象的痛点，你已经设计出初步的解决方案，想继续听听他们的反馈。

在访谈中要去观察和判断，你设计的解决方案是否有打动他们，他们是否感兴趣。同时还要了解一下，对于设定的价格是不是有疑义。如果他们对解决方案有兴趣，但是觉得价格设定得不合适，尤其是偏高的情况，他们肯定会主动说出来。要是方案正合他们心意，价格也合适，也许他们当场就会表现出浓厚的兴趣，想要了解更多细节，可能会主动询问到底正式产品什么时间能推出，甚至迫不及待地想要付费购买。如果出现这种情况，那就可以顺势让他们付一点定金，以验证他们是否真的对产品有兴趣。要是有人真的支付定金，那就太棒了，你已经在用户探索这个阶段获得了初步的胜利。

接下来只需要按照假设的这份产品说明书，把产品开发出来推向市场就行了。因为有人对这个前期假设的解决方案确实有兴趣，也愿意付费，等进入后面的产品开发和上市阶段，就能大大提高成功率了。

**【案例 2】形象管理师卖服装**

再举一个卖实物产品的例子。前面的内容中提到过的那位做形象管理的女生，她发现找她做形象咨询的人都有后续购买服装配饰的需求，所以她想除了做咨询以外也做代理服装的业务。

但是她又开始困惑，到底该做什么档次的服装。品质好的服装价位高，初期进货的成本也很高，她担心进货多了，万一卖不出去压货的风险就很大；而价格低的服装只有款式，品质又不行，她从心里又很难接受给别人推荐自己都不认可的东西。

带着这个问题她又找我咨询，她的问题运用 4 步法就能解决了。

先从目标客户出发，了解她们买衣服时的痛点，通过访谈了解她们的需求。可以找那些她咨询过的客户以及身边的女性朋友访谈，了解她们平时主要买什么价位的服装，在哪里买，她们主要看中衣服的价位、款式还是品质等。这样她就能心中有数，到底自己的客户群大概能接受什么价位和档次的服饰。

然后再根据大家的需求去选择她想代理的服装定位，可以挑选几家不错的供应商，先拿到照片，再做一次访谈，让客户看看几家的服饰风格，把大概的定价也告诉她们，观察她们的真实反馈。如果多数人都觉得很好或不错，那这个定位就比较靠谱了，意味着接下来她能比较容易地推荐给这些客户，也不用纠结到底该选什么档次的产品了。

这就是以用户为中心，做好用户探索，以需定销、反向决策的方法。我跟她讲了这个思路后，她觉得很不错，立马就开始着手去访谈了解信息。

所以当找到切入点目标市场之后，不是一上来就直接推出产品，而是要先进行用户探索。要先去判断目标用户的痛点在哪里，用什么样的解决方案他们可能会有兴趣。通过定义两个基本假设，然后分别依次做客户访谈。这是一个大循环套小循环的过程，测试完痛点，才能进行测试解决方案的步骤。所有 4 个步骤都完成，才能进入后面的市场验证阶段。

通过用户探索，就能确定出早期接纳者也就是早期购买者的特征。这群早期接纳者被定义为种子用户或天使用户。根据他们的真实痛点，就可以明确最简化可行性产品的功能，确定他们愿意支付的价格，设计出第一版最简化可行性产品进行市场验证了。

# 2.7 做出最简化可行性产品，完成用户验证

经过了用户探索，在第 4 步访谈阶段，已经有人对设计的解决方案有兴趣了。接下来就要正式进入用户验证的环节。

这时，就需要做出最简化可行性产品（简称为 MVP）。用 MVP 来验证前期的假设，看看解决用户问题的效果如何。然后根据用户真实的使用反馈，进行快速调整和迭代。

经过 MVP 市场验证之后再正式推向市场的产品就更有说服力了。因为这说明你是有成功案例的，自己的产品肯定能够帮助用户解决他们的问题，并且能解决到一定程度。

这里总结了三步曲，帮助大家完成用户验证。

① 设计出 MVP。

② 找到天使用户，进行测试。

③ 根据用户反馈，快速迭代。

### 1. 设计 MVP

在设计 MVP 的过程中，有几个非常重要的元素是需要考虑的。

首先就是要进行用户排序，也就是说并不是所有的目标客户都是在 MVP 阶段要去考虑的对象。即使你已经选择了一类切入点目标客户群，依然会存在一个用户金字塔。

在用户金字塔里面，用户又继续分成了几类，最下面一层是未意识到问题存在的用户，往上是意识到问题存在的用户，再往上就是主动寻找解决路径的用户，再上一层是已经自己动手制定解决方案的客户，最上面一层是打算或者已经购买了产品或解决方案的这些用户。

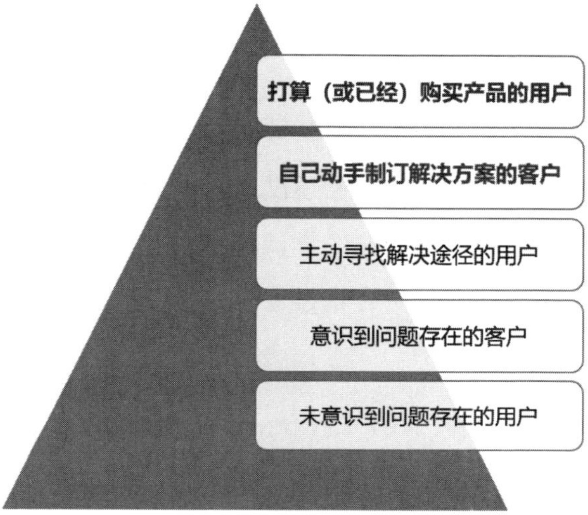


在设计 MVP 的时候，首先要考虑的是最上面的这两层用户，他们最有可能成为天使用户。这群天使用户有一些特征，比如说他们愿意购买你的最早期的测试产品，愿意提供反馈建议，也愿意帮助推广产品。

通过前期的观察和访谈，就可以判断出哪些人可能成为天使用户。可以把它们挑出来作为核心用户画像，仔细针对他们的需求设计最简化可行产品。

接着，要进行痛点和功能的排序。

在前面两次做观察访谈的时候，应该都要记录访谈结果。此时已经得出了一些结论，有一些痛点是客户最迫切想要解决的，而且愿意付费去解决。那就可以针对这些最重要的痛点或者问题去设计 MVP，也就是说只需要为这些痛点去设计那些核心功能就可以了。所以千万不要去设计一个大而全的产品，而是挑出最重要的部分，从最重要的痛点以及功能开始。也就是有针对性地挑出那些最能帮助解决这些痛点的功能，作为初始解决方案就可以了。要学会取舍，勇于删除掉那些不痛不痒或者暂时不需要的功能。

（1）关于设计 MVP 的两个案例

**【案例 1】虚拟服务类**

比如一位个人成长咨询领域的新顾问在前期用户访谈时发现，很多用户都有拖延症的问题。有些人自己还没有意识到这个问题，有些人意识到并且已经开始着手解决。他们已经尝试过一些方法，比如阅读相关书籍，但是效果不好。还有些人付费咨询过专家，积极地寻求帮助，获得了一定的成效。

这位顾问把拖延症作为用户的核心痛点，前期通过访谈发现很大比例的用户是愿意尝试咨询服务的，也有意愿为此付费。基于此，她开始设计自己的 MVP，就是一对一咨询服务。在这个咨询式解决方案中，最重要的就是她必须要以拖延症为中心，提供出能帮助客户摆脱的有效步骤和方法。不要试图去加入其他与拖延症无关的内容。

当然，拖延症的问题肯定不是一次咨询就能解决的，但通过一次咨询至少可以让客户知道有什么样的方法和流程，并且了解到自己的卡点在哪里，后续采取哪些行动可能会有效。这样的一次一对一咨询就可以作为她的 MVP。

然后，当有用户购买她的服务，咨询结束后立即就能获得客户的真实反馈，到底她给出的建议对用户是否有启发，是否能够采取行动去尝试改变。

在初期设计 MVP 的时候，我不建议她设计长期多次的咨询服务。因为作为新顾问往往还没有太多经验，很难去把握长期服务的内容和质量。当单次咨询逐渐增加，也越来越熟悉客户群体，同时对咨询效果有较大把握时，就可以循序渐进地推出长期服务了。

**【案例 2】实物产品**

比如说客户想要一个可以拍照的手机，这是他们最核心的需求。那在设计手机 MVP 的时候就不要设计太多复杂的功能，只需要设计最基本的通信功能以及拍照的功能就好了。然后把这个最简化可行性产品推给那些早期天使客户，看看他们使用下来，拍照的功能是不是满足了他们的需求。如果满足得不够好，那么接下来就有了基本的标准，可以在此基础上去改进。像在非洲非常流行的传音手机，就是把拍照功能发挥到了极致，专门突出黑人拍照最美的痛点，加上基本的通信功能，特别受非洲市场的欢迎，最终凭借这个拍照的特色功能占据了非洲最大的手机市场。

（2）MVP 的产品形式

拥有最核心功能的 MVP 就是将来正式推向市场的产品原型，它可以有不同的方式，并不局限。

回到第 1 个拖延症的解决方案上，那位女生选择的方式是一对一咨询服务。其实还可以有其他很多形式的解决方案。比如说可以写一篇文章，就能让他了解如何克服拖延症的方法论。当然一篇文章起到的是最基本的作用。而一对一咨询的方式能更有针对性地发现客户的卡点以及提供专属的行动建议。

如果是资深顾问，还可以去设计解决拖延症的课程、长期咨询方案以及社群辅导方式等。

这些不同的解决方式就是产品原型的多样化。

每个人需要根据目标客户群以及自己的专业水平来选择用何种形式作为 MVP。记住每个人设计的解决方案要匹配自己的能力。早期最好不要去挑战难以把握的解决方式，否则遇到的困难可能会比较大。一上来挫折感太强的话，就很难在价值变现的路上走下去。

比如我自己，虽然有创业的经历，但自己做跟帮助别人是有很大区别的。我心里可能知道怎么做，要教别人的时候，就完全不一样了，必须要把它变成一套对大多数人都行之有效的方法论。所以在这个过程当中我也不断去看书上课、拓展商业知识，总结创业方面的理论和方法。除此之外，更重要的是不断通过实践来验证这些方法到底哪些有效。

早期我是通过写文章的方式。从2018年开始，在自己的原创微信公众号“一飞姐说”上聚焦写创业系列的文章，发现文章就可以帮助到创业者。不少人看了文章后，会发信息反馈“看了之后特别有收获”。还陆陆续续不断有创业者约见面，向我咨询相关的问题。

通过跟创业者的频繁互动，我了解到市场上的早期创业者都有哪些种类，他们各自的痛点是什么、迫切想解决的是什么，能够帮助他们的又是哪些方面。

作为回馈，他们通常会给文章打赏，也会给我咨询的红包。其实这个过程就是早期进行用户探索以及市场测试的过程。后来我才推出了一对一咨询服务作为MVP，进行市场验证。

### 2. 找到天使客户，进行测试

在这个阶段你需要去找到真实的用户使用MVP，从而获得真实的客户案例进行测试。

测试有助于了解用户对这个最简化可行产品的喜欢程度，了解产品提供的功能是否能满足他们的核心需求，同时也会帮助大家发现初期设计的这版MVP是否存在问题。

一般在这个阶段你至少要服务10个客户，才能进行足够量的观察和判断，知道你设计的最简化可行性产品是否能满足客户的期待，能否达到他们预期的结果。

那早期的这些客户主要从哪里来呢？

别忘了，前期那些访谈对象。在前面进行用户探索的阶段，访谈了很多客户，他们里面一定会有早期接纳者，肯定会有人转化成愿意付费尝试的天使用户。

当然那些天使用户的数量可能还不够，还需要继续寻找。

最快的办法是邀请身边认识的人，或请他们帮忙推荐符合用户画像的人，来尝试使用 MVP。如果是好友，你可能不太好意思让他们直接付费。那就可以先让他们免费尝试或体验，同时给他们提出一些明确的要求。使用后要及时给到反馈，以帮助后续改进产品。要是使用后效果不错的话，还可以请他们写一些用户证言，以方便后期正式推出产品后进行宣传使用。

另外，也可以尝试小规模发布 MVP 的信息，在微信朋友圈里进行招募。当然这时可以给大家提供有诱惑力的福利，比如 MVP 的定价要远低于未来正式产品的市场价，就有可能吸引到一部分人愿意为了福利而提供反馈的勇于尝鲜的人。

总之，有了这十几位真实客户，设计团队应该能从整个过程当中学习到很多，了解到真实客户对 MVP 的反馈，有哪些功能是他们觉得特别好的，有哪些是他们觉得一般的，有哪些是接下来必须要去改进或优化的。通过测试，就能获得强有力的客户案例证据以及为后续的优化提供依据。

### 3. 根据市场反馈，快速迭代

不管多伟大的产品，都不是一下子就开发出来的，而是逐渐迭代出来的。

在此过程中最重要的原则是，迭代出来的后续功能，必须是靠用户需求催生出来的，不紧急、不重要的功能不要盲目添加。

【案例 1】手机应用美柚 App

这个产品起源于 2013 年 3 月，5 个人的团队花了一个月时间，完成了第一个版本，是一个非常经典的 MVP，最基本的功能就是帮助女性用户记录基本的月经周期，根据过去的数据预测未来的数据。这就是美柚的起点。

三个月之后美柚推出了第二个版本，在版本一的基础上增加了“贴士”功能，提供保健、怀孕、育儿以及一切与女性相关的知识小贴士，也是非常简单的一个功能。

7 月到 10 月，美柚增加了社区功能。社区中的讨论主题都和女性密切相关，从化妆、厨房、减肥，到小孩的成长。美柚完成了从基本记录功能、知识点向社区的拓展。每一个功能的延展都不是美柚团队自己想象出来的，而是用户催生出来的，是用户在背后推动着功能的发展。

美柚在一年时间内完成了多次迭代，每一个大版本的迭代基本在两三个月的时间内完成，而小版本的迭代则是以周甚至以天为单位。

以上就是用户验证的阶段，一共是三个步骤。先设计出 MVP，也就是最小化可行性产品，接着找到至少 10 个真实的愿意付费的用户，根据他们的使用情况及反馈进行快速的学习和迭代。

这套用户探索以及用户验证的精益创业方法论，无论是初次创业还是已经在创业过程中想去孵化新产品，都可以遵循这样的流程。每当要推出新产品的时候，都需要先进行用户探索以及用户验证，这样等正式大规模发布产品就会有足够的信心，可以用成功案例向其他人证明，对陌生客户更有说服力。

初次创业者会发现，前期花费大量时间设计出的自己觉得特别完美的解决方案如果直接向市场推出的话，很大概率是获得的市场反响并不好，甚至可能会很差。而用户探索和用户验证的精益方式看起来好像增加了复杂度，其实却能避免走弯路，反而是节省时间。用户探索和验证阶段进行得越快，越有助于创业，赚钱时点会提前，成功概率也会越高。

针对非初次创业已经有产品的创业者或团队，因为已经有了既定的用户群体，对他们的痛点了解得也很全面，会遇到两种情况：一种是仍然为这群用户设计新产品，可以直接从用户探索阶段的第 3 步开始，针对他们的痛点来假设解决方案，然后做用户访谈，再做出 MVP 进行用户验证；另一种是针对不同的目标客户群体推出全新产品，则要重新回到市场定位以及用户探索再到市场验证的循环中。

# 2.8 比产品本身更重要的是塑造你的产品价值

假如回到十年之前，要卖一款新出的大内存 MP3，你会怎样宣传呢？“8G 存储、轻薄小巧”如果广告语这样说，销量可能并不一定会很好。为什么呢？因为 8G 存储是产品本身的特质，轻薄小巧也是抽象化的描述。

来看看十几年前苹果推出 iPod 时的广告语，“将 1 000 首歌曲装进你的口袋”。是不是很形象？看过的人一下子就知道这款 MP3 产品的特色了。

因此，除了研发产品本身外，在推出产品上市时，重要的是要让潜在客户了解到底有什么特色，对他们有什么独特的价值。无论是 MVP 还是迭代后的正式产品，都要清楚能解决客户的哪些核心问题，要先塑造好产品价值。往往客户愿意付费购买的不是产品和服务，而是他可以明确感知到的价值。正如 iPod，大家买的是可以随身携带和收听的 1 000 首歌曲。

只有从客户的角度传递出他们想要的价值，产品或服务才更容易被接受。这个环节往往是很多人容易忽略的，也是很多专注于研究产品的人欠缺的地方。创业不仅要做出产品，更重要的是要做能卖得出去的产品。不得不说，如果塑造价值的环节做不好，就很难获取更多的销量。

所以，必须要学会去描述自己的产品到底能为顾客创造什么样的价值，用文字、语言、图像等方式把这些价值传递给目标用户。

这里，我总结出八大角度帮助大家去思考如何塑造产品价值。

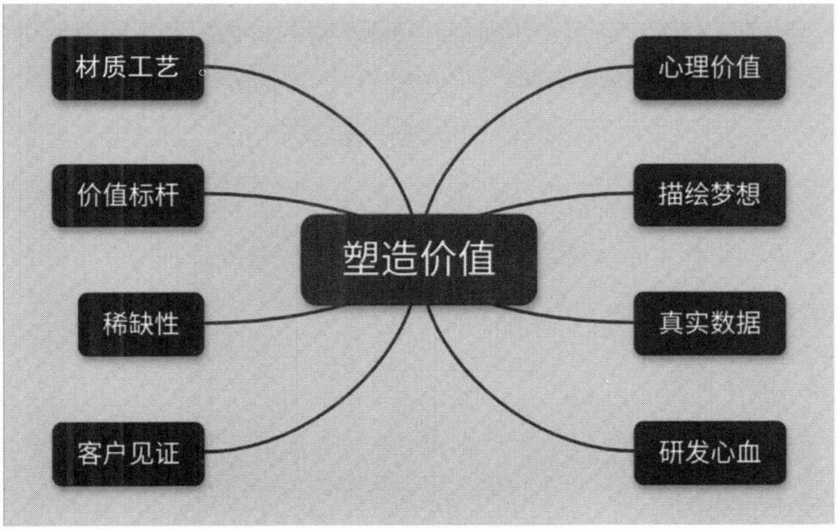


### 1. 心理价值

心理价值是顾客从产品或服务中获得的心理上的愉悦、精神上的享受以及情感上的满足，总之，是心理和精神层面的利益。

心理价值包含有两个方面，一方面是满足顾客的心理需求，比如让他们自我感觉良好、充满希望等。

像年轻人喜欢的茶饮，什么喜茶、奈雪的茶之类的，大家去打卡的目的真的是需要一杯解渴的饮品吗？还真不是，如果是为了解渴，买2元的矿泉水最解渴，既经济实惠又解决口渴的需求。大家之所以愿意花10多倍的价格去买一杯混杂了奶油、水、水果等配料的饮品，有时候只是为了到手后拍张照发个朋友圈而已。

因为这才能显示自己跟得上潮流。在朋友圈里被人点个赞，表示自己属于主流社会群体，不然就out了。网红茶饮很大程度上就满足了消费者的心理价值。正如咖啡刚刚兴起的时候，喝星巴克满足的是商务人士的身份象征。手拿一杯有星巴克标识的咖啡，不用说话介绍就能向别人显示自己的社会地位。这类产品塑造的都不是功能本身的价值，更多的是传递一种生活方式，从而满足了人们的心理价值。

心理价值的另一个方面是减少痛苦。最典型的就是知识付费行业兴起后，这类产品在塑造价值时都利用了人们内心的恐惧和焦虑。比如各种课程文案无一不是先详细描述目标客户的痛点，然后说该课程是如何能减轻学习者的痛苦帮助其实现个人成长的。

### 2. 描绘梦想

大部分人对于为什么要买一个产品或服务只是有个模糊的概念，不一定能描述得很清晰。

比如说参加英语培训仅仅是为了学好英语吗？肯定不只是这个，重要的是学好英语能怎样。比如学好后是否可以自由地出国旅行、顺畅跟外国人沟通，或者有升职加薪甚至跨国工作的好机会。大家买各种课程的目的是向往自己拥有知识后变成比原来更智慧、更好的自己。

现在越来越多的人愿意学习价值变现、觉得打造个人品牌就是想要自己掌控命运，能够有自由选择生活方式的能力，从而过上自己想要的生活。90%以上的人都无法用语言清晰地描绘自己想要达到的梦想状态。

所以在塑造价值时，一旦你描绘的梦想刚好就是他们想要的未来蓝图而又是自己之前没能说清楚的，他们就会被深深打动，产生购买的欲望。这个蓝图会推动他们不断往前走。

卖产品或服务永远不如卖梦想更能激发客户直接采取行动，就是付费购买。

### 3. 真实数据

在描述价值的时候一定要具体化，不能太宽泛。我给一家从事废水处理的环保公司做咨询时，发现他们在公司的产品宣传册中原本是这样描述的："使用我们的废水处理剂可以帮你大幅降低成本。"我帮他们改成了"处理同样吨数的废水，使用我们的处理剂可以帮你减少 60% 的成本，每月最少节省上万元。"这两种表达是不是给人的感觉完全不一样呢？

在描述类似的价值时，最好有明确的数字。就像上面这个例子，是很容易算出具体数据的，而且都是真实可信的数据。把这些数据明明白白地算出来并进行展示，客户一下子就能知道使用你的产品的好处了，这些才是客户想要的价值和利益。

再比如有些产品在宣传时说能帮客户省时间，那到底能省多少时间呢？说提高利润，到底能提高多少利润，是 10% 还是 2 倍？这些数据就显示了你的产品或服务相比于其他竞争对手的优势。

越能量化的价值越有说服力，也就越有价值。

### 4. 研发心血

在塑造价值时，描述研发产品或服务的过程中所付出的努力也是一种好方法。

比如一家做儿童英语培训的机构，在宣传推广时说自己学校的课程跟别的学校不一样，那到底哪里不一样呢？

试试这么说：

“我们的课程研发团队是由英语、教育、儿童心理学方面硕士级以上的专家团构成的，整个团队潜心三年时间打磨出这套进阶式培训课程。

每一位授课老师都要经过五关筛选，从人品到能力，从背景到态度等各方面进行考察。第一关怎么样，第二关怎么样，第三关……第五关怎么样。

每年所有老师都要去参加专门培训，每个人的年度培训费用在万元以上。”

就像故事一样，把整个研发的过程讲出来，让学生家长了解你的产品。相信家长们听了之后，一定会觉得“哇，原来这家学校不一样，他们在课程研发上花了这么多心血，付出了这么多努力！”

这些过程本身就告诉了客户，需要长期专业的投入才把这款产品做出来。客户体验之后如果确实觉得不错，就会有更大的意愿付费购买，还会从心里认可和尊重这家培训机构。

当然，这里所说的所有过程和付出，必须是真实的。只有建立在真实基础上的描述才有信服力，认真花费心血的产品跟杜撰出来的文案是完全不同的。否则即使在文案上打动客户了，但使用体验骗不了人，客户自会做判断。一旦发现宣传所述不属实，客户就会彻底失去信任，这种行为是不可能持续，更不可能成功的。

### 5. 材质工艺

这个角度跟上一个类似，但主要是针对实体产品的。我认识一个做手工烘焙食物的妈妈，她会原原本本地告诉大家“我做的蛋糕使用了安佳品牌的动物淡奶油、明治牛奶、某某品牌的面粉、某某品牌的木糖醇……由于全手工制作，不含任何添加剂，只能同城当天配送，限 5 个小时内食用。”她的这些描述就会让顾客感到放心。

因为现在的人们越来越关注健康，尤其是有孩子的家长，在给孩子挑选食物方面都是非常挑剔的。而这位做烘焙的妈妈自己就是其中的一员，特别了解家长的心理。她知道把所有的配料都公布出来，才能让大家了解自己在食材上的用心和食品品质，大家才会放心购买。

### 6. 价值标杆

价值标杆就是要找到对标产品，跟其他同类产品或者可以替代的产品相比，我们的优势在哪里，差异化特点在哪里。

比如行业内一般是怎么做的，你是怎么做的；市场价格是多少，你提供的服务价格又是多少。一对标就能体现出你的价值。

举个做瘦身训练营的朋友的例子。他的竞争对手有很多，市面上有各种瘦身方式，比如酵素类产品、高强度的运动、美容院按摩之类的。其他那些方式肯定也能瘦身，但也有一些弊端，比如容易反弹。而这位朋友的方法是通过适量的运动、合理的饮食还有生活方式综合调理。他的这种瘦身方式更健康，瘦下来后保持得更长久，尤其是能够帮助参加的人养成良好的饮食以及生活习惯。把这些差异描述出来，就是他能提供的独特价值。

这里一定要记住，千万不要去诋毁竞争对手，只需要把差异讲出来即可。客户都是聪明的，他们自己会去判断价值。

### 7. 稀缺性

如果某些行业的产品或服务有稀缺性，就可以在宣传中体现出来，这也是塑造价值的好方式。

比如在做教育培训类产品时，很容易制造稀缺性。例如首期开课最优惠价格只招 30 人，最优惠价格只招 30 人，或者远低于市场价的服务仅限老会员可以享受。

另外，不要为了制造稀缺而稀缺，一定要为稀缺性描述令人可信的理由。

比如有人写了一本高价值的电子书，准备只卖给 200 人。相信肯定不少人会觉得，电子书又没什么成本，只卖给 200 个人谁会信啊。当然，如果只是限定了名额，确实是不可信的。但如果加上购买电子书赠送一对一咨询辅导的服务就可信了。因为一个人的时间有限，肯定不可能服务太多的人，即使每天辅导 2 个人，200 个辅导名额也要花上三个多月了，这样的理由就值得信服了。

### 8. 客户见证

前面我讲过，在产品正式推向市场之前要有天使用户。为什么呢？

因为天使用户是第一批愿意吃螃蟹的人，他们就是真实使用产品的案例。如果在早期，产品就有成功案例的话，就可以邀请天使用户帮助写顾客证言，具体内容包括个人收获、产品使用前后的效果对比等。这些证言对后期的推广绝对是有积极作用的。

像我参与策划的一页纸思考力训练营，第一期参加后很多学员都自发写了在思考力方面的提升，比如在上课前总觉得自己的思维是乱糟糟的。上过训练营后一位大学老师写道："经过训练营重塑了自己的思维，把训练营中讲到的很多思维工具都运用到自己的课程改革创新中。"

类似的学员证言还有很多，这些学员真实的走心评价是最能体现产品价值的。自卖自夸式的宣传是不具备影响力的，用户使用后产生的真实结果才会形成口碑，可以对新的潜在用户产生巨大的影响力。

哪怕课程体系设计得再严谨，产品用的都是最好的材质，其实大部分人并不关心你的产品本身，他们关心的是使用产品后自己有多棒、多特别、多开心。人们想要的是使用后的结果。

比如买网红产品会让自己显得与时俱进，买知识产品会让自己感觉很上进，买华为手机会让镜头中的自己瞬间美颜。

当顾客使用产后品，产生了自己想要的效果，他们才愿意自发去传播。而当他们展示出自己的成果或者别人看到他们的改变时，自然会引起别人的关注。每个人都希望变得更好或者有更优异的表现，人们更想要的是结果。

所以，客户见证是产品或服务最强有力的价值展示。

每个人都可以灵活运用以上八个角度，塑造出自己产品的价值。在进行推广时，一定要全面展示出产品或服务的价值。一般情况下，可以同时运用上面的几种角度去进行描述。

本节的内容就是要帮助大家做出一款有价值有销量的产品。这个过程需要选择目标客户群，分析用户画像，进行用户探索，做出 MVP 验证市场，保持快速学习和迭代，才能提高产品成功率。

# 2.9 做不出自己的产品，也能自由创业

有很多人跟我咨询，自己没什么特殊的技能，很难像那些有明显特长的人一样做课程或卖自己的产品，怎么办？这样是不是就不能个人价值变现了呢？

当然不是。个人价值绝对不只是体现在必须做出自己的产品才能进行变现这个层面。

其实，不是每个人都一定要做自己的产品的，也不是每个人都适合做产品的。开发产品不是一件容易的事情，尤其是想要开发出一款受欢迎的产品，是要花费大量时间、精力以及试错成本的。

正如在本章前面讲的整个做产品的过程，很多人尝试后失败了，也不想再继续做产品了。但是还想自己创业的话怎么办呢？

### 1. 卖别人产品的销售模式

完全可以销售别人的产品。就像以前的贸易公司，就是选择销售别人的产品，用代理商的价格低价进货然后按照零售价销售出去就行了。他们的利润主要是出售商品的差价。而销售出东西的能力就是他们的技能。

有些人擅长做产品但不一定擅长销售，他们也非常愿意跟有销售能力的人合作。

（1）无门槛销售模式

跟过去不同的是，现在更流行分销模式。它跟贸易模式本质上是一回事儿，都是帮助别人销售产品或服务。

差别在于，原来的贸易商如果选择代理某种产品后，一般都被要求一定的进货量。所以创业的门槛较高，至少需要投入少则几万元多则几十万元作为启动资金。

而如今的分销模式则是所有人都可以分享。只要有人通过分享者的链接购买成功就算分享者的销售业绩，可以坐收佣金。做分销根本不需要先行压货，库存全在大卖家或者产品商那里。卖出去也不用管发货、客服等售后工作，全由卖家他们来做。

对于个人来讲，分销这种模式天然降低了创业的门槛和风险，特别适合刚起步的人来试水。

那分销这种方式是不是个人价值的体现呢？当然是了。价值就在于分享销售的环节。

我认识几位专门做分销特别厉害的人。比如“分销王子”，早期每月仅凭分销别人的课程收益就能达到一、二万元，比他上班的收入都高。后来一些做知识付费产品的人找他帮助做分销服务。接的活儿越来越多后，他就直接辞职开始专门为别人提供分销裂变的服务。

（2）有门槛销售模式

这几年朋友圈非常流行的微商，本质上也是代理销售模式。跟分销不同的是，微商有一定的门槛，需要购买一定量的产品才有卖货资格，最低级别的一般也要几千元。

除此之外，还有像云集、ABM之类的平台，创业起点更低。普通人只要花365元就可以成为店主，拥有自己的微店。店主能够在平台内的所有商品中进行选择，一方面自购享受低价，另一方面销售出去有佣金。对于个人来说，这种类型的平台，门槛费并不高，即使做不好卖不出去，最多也是自己买东西便宜了，基本没什么金钱上的损失。

### 2. 六大选品规则

现在选择销售模式低成本创业的人越来越多，有不少人从中证明了自己的价值，确实赚到了钱。既然门槛不高，那对于大部分想要尝试的人来讲，是不是随便选个产品就能开始呢?

当然不行。否则金钱上可能没啥大损失，但时间精力还是要花费的。如果做得没有任何效果，在信心上也会受损，觉得创业很难。

所以要想卖好别人的产品，前期选品的环节是至关重要的。

这里总结了六条重要的选品原则，帮助大家挑选出合适的产品。这些原则无论是针对实物产品还是虚拟类比如课程之类的产品都适用。

（1）客户价值

稻盛和夫说，“能够开展出色经营的人，是愿意让对方获益的人。经营一项生意的关键就在于赢得客户的信任。信任你的人增多了，自然就会财源滚滚。”

产品对客户的价值，一般主要有两种：产品本身的价值和产品的附加价值。

① 产品本身的价值：

产品本身的价值由产品功能、特性、技术含量、品质、品牌等组成。简单来说，产品本身的价值就是使用效果。比如手机，客户能用手机通话、上网、拍照，这些就是产品本身的价值体现。

因为不生产产品，而是销售产品，那就应该尽量选择有差异性的产品。比如一款手机到底有什么特殊之处，是拍照更清晰，还是上网功能更强大，首先要考虑那些本身有独特价值的产品。

② 产品的附加价值：

产品的附加价值，是售前、售中、售后的体验及服务。小米的雷军曾经说过，产品只有超出客户预期才会有口碑。在物产丰富的时代，很多同类产品本身的功能已经不相上下，仅靠这些很难在竞争中获胜，于是品牌商开始在附加价值上下功夫。

比如像瘦身类产品。大部分曾经尝试过的人，可能都知道瘦身是综合的结果，很难单靠服药及饮食就能达到瘦下来又不反弹的效果，而且吃东西要注意很多禁忌。往往要做到这些需要顽强的意志力坚持下来才会有效，这对多数人来说都是极其痛苦的，也是反人性的。人类的天性是懒的。我认识一位创业者创立的微商品牌，也主打瘦身酵素类产品。她的团队看到了市场上的这些痛点，就增加了附加服务。她们会单独为每个客户建立专属的服务群，每天由顾客的专属健康顾问在群里提醒该如何吃，什么时间吃。除此之外，还有需要注意什么，要加强哪些运动之类的。这样一来，不仅仅是产品，加上服务，顾客被及时提醒，就能按时服用，并且在顾问的监督下更愿意配合运动，养成良好的生活习惯。结果自然不错，瘦身效果非常令人惊喜。

尤其是顾客在亲身体验了这样的服务取得满意的效果后，很多人都愿意加入成为她们的代理。之后，又会有资深代理培训新人，不仅包括详细的产品及健康知识，还有配套的服务流程，以便她们在后续拓展和服务自己的客户时，也能专业地推荐产品和提供用心的服务，帮助其达成满意的结果。

所以在选择产品时，既要考虑产品本身的价值，也要考虑产品的附加价值。这些都是你在选品时首先要去考虑的重要因素。

（2）品牌影响力

很多产品或品牌方都会考虑招代理或分销的方式。通常比较知名的产品，品牌影响力比较强，选择起来不会有什么心理负担。品牌本身就是一定的保障。

比如知识类产品，选择做樊登读书会、凯叔讲故事的推广人，在朋友圈里分享，这就很正常和自然。因为很多人即使没用过，可能也听说过，产品的口碑也很好。品牌在大众心中已经有了一定的认知度，不容易引起反感。

对于产品类的微商，品牌就更重要了。这几年很多微商起得快，倒得也快，大多做的是一锤子买卖。有些可能刚起盘半年就做不下去了，很多没有经验的新人投入不少资金做代理，都栽在了坑里。

而品牌影响力大的微商产品，大多已经历过时间的沉淀，在市场上生存了一定的时间。这个时间本身就可以作为一条筛选原则。

微商起盘并不难，难的是如何长期健康地发展。产品的品质、服务、口碑、稳定的供货保障都是需要时间来证明的。有时间积累的公司才有可能成为品牌。

健康运作的品牌都是希望打持久战的，不会为了一时的蝇头小利做损害代理或顾客利益的事情。他们愿意在品牌宣传上投入，这也方便代理他们产品的人传播。代理不需要讲太多产品的来历和特色，基本大家都耳熟能详。

（3）实物产品要复购率高

对于实物产品的选择，第一原则就是客户需要重复购买使用的产品。

为什么呢？开发一个新客户所需花的成本是老客户的 7 倍。对于这种情况，最好选择能够重复购买的产品，这样就能提高复购率。举个例子，一位销售顾问好不容易在前期开发了一个客户，花费了不少时间和精力。而客户一旦成功购买开始使用，发现产品效果不错，对顾问也比较信任，产品用完后自然会继续找他购买。所以提高老客户的复购率是提高收益的最直接方式。

来看看在微商中到底都是哪些东西卖得最好吧。前几年微商五大畅销品类排行榜如下：

- 面膜
- 综合化妆品
- 减肥瘦身类
- 酵素
- 高端健康养生品

这些品类，从个人消费角度来看，每一类都复购率极高。也正因为大量的人重复购买，它们才一直出现在畅销排行榜上。

（4）课程类分销要有体系规划

课程类虚拟产品的分销，跟实物类有些不一样。

课程不是消耗品，它的属性就不同，很难有复购率。每个人听某个课程也就一次，顶多听个两三次。

绝大多数课程都是由主讲老师开发的，而老师开发课程需要耗费大量心血。有些老师几十年就讲一门主打课，往往一门精品课程需要有多年的理论功底或实践经验。

少数优秀的老师才有持续开发新产品的能力，所以这些老师的课程就是首选。

我仔细研究了那些分销做得好的人，发现最关键的是他们都只卖同一类型的课。通常他们会筛选出一些有口碑、实操能力强的老师，专卖他们的课程。

比如我前面提到过的“分销王子”，他主要卖的是跟微信营销相关的线上微课、训练营等。还有人专门卖不同老师的有关文案写作方面的课程。我还认识一位专门分销亲子教育类型课程的博士宝爸。

总之，他们的成功之处就是不做杂只做精，聚焦卖同一种类型的课程。这样做的好处是他们的客户画像很清晰。像“分销王子”的客户主要是微商、宝妈、小白领这类在朋友圈创业的个人，而那位博士宝爸的主要客户都是愿意给小朋友教育投资的家长。另外，他们自己也会参加那些老师的课程，一方面能清楚课程的品质，一方面长期跟下来很熟悉这些老师的风格和课程的特色，知道如何有针对性地推荐。

所以如果想要分销课程类的产品，就需要设定好用户画像，清楚他们的需求，尽量做同一品类的课程，或是做同一客户群体会感兴趣的课程。

（5）自我分析

既然是选择卖别人的产品创业，那对你来说最重要的工作其实就是销售。所以客户画像分析对于销售工作就非常重要，还有相应的销售方式也一定要选择好。

在移动互联网如此发达的今天，手机微信可以说是最便捷的沟通方式。无论卖何种产品，如果不使用微信就感觉缺少了触达客户的有效路径。现在越来越多的人把微信作为重要的销售辅助工具，不仅直接用微信跟客户沟通，还利用朋友圈来展示产品。

对个人来说，这也是最容易展开销售的方式。当然要做得尽量高级，不让人讨厌，才能在朋友圈生存下来。在后面一章中也会讲到如何利用朋友圈进行推广的一些策略。

而关于客户画像，如果自己的朋友够多，可以先拿他们来进行分析。要考虑到他们的职业、兴趣、特长、爱好、收入规模等。高收入的群体一般会追求品质，价格高对他们来说不算什么；普通收入阶层，对价格比较敏感，高性价比的产品才会有尝试购买的欲望。

比如说，有些人的朋友圈里都是高级白领或企业家，那中高端、品质好的化妆品就可以是一种选择，她们不会觉得太贵。

再比如，朋友圈里都是孩子同学的家长，做儿童类的玩具、益智类产品、教育学习课程等就是不错的选择。

分析朋友圈时，有一个很简单的方法，可以用 Excel 表格，看看自己朋友圈里的人关注的都是哪些事情。可以做个表格记录下来，把它们简单分分类。其实朋友圈不外乎这几类：晒娃、励志鸡汤、工作类文章、心情感悟、旅游美食等。

通过分析好友近来发布的朋友圈，然后判断下自己周围的人可能会对什么感兴趣，再来进行选品。

如果朋友圈里没什么朋友，自己也比较宅，那就需要做好营销推广了。包括怎么获取潜在客户，这部分内容会在后面一章里详细讲到。

总之，不管选择什么样的产品，一定不要忽视自我分析，适合的才是对的，适合自己的产品才容易卖得出去。

（6）竞争对手

大企业在做新产品时，都会做竞争对手分析，包括明确竞争对手、研究竞争对手的市场、揣摩竞争对手的营销方案、对手的优势劣势等。个人选择产品时，也要考虑到自己的朋友圈里是否已经有人在做同类产品，他们做得怎么样？如果已经有人做得很好，那是否还能介入，选择的产品是不是有更细分的市场？

具体可以用 SWOT 分析法，列出自己的优势、劣势以及机会和威胁。

SWOT 分析：S（Strength）是优势、W（Weakness）是劣势，O（Opportunity）是机会、T（Threat）是威胁。SWOT 是基于内、外部竞争环境和竞争条件下的态势分析，就是将与研究对象密切相关的各种主要内部优势、劣势和外部的机会和威胁等，通过调查列举出来，并依照矩阵形式加以排列，然后用系统分析的思想，把各种因素相互匹配起来加以分析，从中得出一系列相应的结论。而这些结论通常带有一定的决策性。

举个例子，一位 1 岁宝宝的妈妈，现在全职在家带娃，想找点合适的产品卖，但不知道该如何选。SWOT 分析如下：

作为一名宝妈，特别知道孕产妇以及宝宝家长的需求。这个身份背景就是她的优势，由于自身的经历，她很懂宝妈这个群体。

她的劣势是离开职场的时间有点久，对市场有恐惧，不敢迈出创业第一步。

机会是中国放开两孩，母婴类产品有巨大的市场空间，她的朋友圈中宝妈也很多。她还加入了不少宝妈类的社群，潜在客户有很多。

威胁是她的朋友圈中已经有人在做同类型的产品。

通过 SWOT 分析，根据她的背景和特质，选择跟母婴类相关的产品或服务就会比较合适，但要注意差异化。母婴品类很大，为了跟竞争对手有所区别，最好找一些细分市场去做。如果别人是做儿童服装、玩具的，她就可以选择做早教课程，比如亲子教育类课程的分销或代理等。总之，最好要结合自身的资源和优势以及个人兴趣去做选择。

以上六条就是我总结出的选品原则，希望能帮助大家选出适合自己的产品，迈出个体创业的第一步。

第3章

# 向高管级收入进军

# 3.1 三种方法，零成本帮你建立个人品牌

最近几年流行的一句话是，再小的个体也有自己的品牌。过去似乎只有企业和明星才有资格谈品牌，品牌是他们的特权和专利。而那些想要做得更大更好的企业甚至愿意花费数千万元来打造自己的品牌。

现在，随着科技的进步，社交媒体的普及，每个独立的个体都有了发声的渠道和权利。一些聪明人开始有意识地打造自己的个人品牌，因为他们知道，自己的价值将会随着品牌的升值而升值，甚至成倍地持续提升。

每个人的品牌虽然不由自己最后来下定义，但是可以通过自己的成长、成就以及交付的结果、传播的理念去影响别人嘴里和眼中的你，能否有效地展现自己的品牌甚至将直接影响每个人的变现收入。

总体来讲，打造个人品牌有这样三个好处：

（1）自带信任

想想看，大家买东西的时候是不是更愿意购买有品牌的东西。尤其是那些价格高的产品，人们往往更相信品牌的力量。所以同样地，对于个人来讲，当开始打造个人品牌时，这种信任就会转嫁到个人身上。既然用了自己的名字做品牌，个体声誉就和品牌捆绑在一起了，这个时候自己的生活方式、价值观和价值理念都会影响到自己提供的产品或服务本身。人们是因为先信任某个人，才会买他提供的产品或是服务。

（2）自带流量

那些个人 IP 都是自带流量的，比如社交电商里的薇娅、张大奕，口红一哥李佳琦，知识 IP 秋叶大叔等，他们都是自带流量体制，每次出现能吸引许多的眼球。2018 年双十一当天，薇娅通过淘宝直播销售额超过 3 亿元。而 2019 年期间，薇娅仅在双十一期间的销售额就超过 2018 全年的销售额。

李佳琦也曾通过视频，创下 5 分钟售罄 15 000 支口红的辉煌战绩。当然如今，他们也早已从独立的个体品牌成长为真正的团队化运作的公司品牌。

（3）提升自己的势能

知道个人品牌的人会越来越多，很多人因为喜欢还会主动来为自己喜欢的人传播。随着知名度的提升，就会有很多行业专家、大 V、权威媒体等也愿意来继续传播，持续扩大势能。

所以，个人品牌意味着影响力，每个想要价值变现的个体都应该重视自己的品牌，应该爱惜自己的羽毛，珍视自己的公众形象，做个有魅力的人，让品牌可以成为自己的价值护城河。

很多人可能会觉得，个人做品牌是不是也要像企业一样花很多钱呢？

是不是要找营销公司来帮自己策划呢？其实我告诉你，大可不必，对于个人来讲，抓住最重要的三点，就可以帮助你零成本建立起自己的个人品牌。

像企业一样，个体做品牌的三个关键点是：一要起个好名字，二要讲好个故事，三要输出有价值的内容。

## 3.1.1 起个容易记的“网红”好名字

先来看看好名字，到底什么样的才是好名字呢？首先要知道，名字到底是用来干什么的，既然是品牌，就需要让别人记住，那什么样的名字会让别人记住呢？

如今任何品牌的传播都离不开互联网，所以名字最好有网感，才具备网红的潜质。当然是有用、有趣、好玩的名字才能让别人迅速记住。个人费尽心思做品牌的目的，就是希望别人在有需求的时候，能够一下子想到自己，第一个就找到自己来咨询或下订单。这才是个人品牌最重要的使命。

想一下这个场景，如果有人曾经对一位独立设计师有印象，正好要设计 logo 的时候想到他，于是拿出微信准备搜索名字，可就是想不起来，在通信录里查了半天，哪个名字都不是，只好作罢。这就太可惜了，本来属于他的单子就这么飞了！最好的结果当然是，一旦别人想到他做的设计领域时，第一个跳入脑海的就是他的名字，直接找他咨询下单，那么他的品牌打造就成功了。

所以，做到这一点的名字才是好名字。如果能在网络上有名就更好了，肯定可以疯传，一鸣惊人。

有三个起名方法：

（1）明星词

即利用那些知名的明星名字作为自己的名字元素。我来给你举个例子，解释一下到底什么是明星词。有一个男生是给微商做营销策划的。一开始，他的名字叫微商达人王建国。大家觉得这个名字好记吗？应该太普通了吧，姓王的人太多了，叫建国的人也太多了，可能你认识的人当中就有好多人叫建国，所以我相信大家很难记住他。即使记住了，可能自己认识的人中还会有重名的。后来有一位营销高手给了他一个建议，让他改名叫微商郭富城。为什么呢？因为他梳着三七分的发型，眉毛很粗，跟刚出道时的郭富城的面部特征很像。后来他就真的改名叫微商郭富城。没想到这一改名后，就引起了很多人的热议。有的人说这小伙儿真挺帅的，挺像郭富城。还有的人说，一点都不像郭富城。其实不管像不像郭富城，都不重要。重要的是他成功引起了别人的关注，哪怕是被调侃也没关系。有人讨论是好事，说明有热度。社会中又有哪些名人不被人热议呢？所以他每到一个群，都会引起群里人的关注。如果有人想找他，一搜郭富城就出来了。这样是不是寻找他的路径就很短？

还有我的一个朋友是做比特币投资的，他也想打造自己的品牌，可他自己的名字实在是太难记了。于是我建议他一定要给自己起个朗朗上口的好名字。后来有人建议他改名叫币圈巴菲特，他觉得直接叫巴菲特太招摇了，想要含蓄点，就改成 8，就是那个数字 8，这样也比较有趣。为什么起这个名字呢？我相信做投资的人没有不知道巴菲特的。但是巴菲特是做二级市场股票投资的，正好借用一下，用到币圈领域，就很容易让别人记住了。

再给你举个例子，在一个学习文案的社群里，有一位同学特别擅长分销别人的课程。于是他就想，那干脆借用一下古代的王子之名吧，就给自己取名为“分销王子”。改名后所有同学都记住了他，他成了群里的红人，而且很多人想要找人分销课程的时候第一个就想到他了。后来他又去参加了阿何老师的写作课程，阿何老师在群内看到他的名字后，直夸他的名字简直价值千万。

其实利用类似的逻辑，还有其他的名字，比如说如果你是卖豆腐的，可以叫豆腐西施。西施是古代四大美女之一，是不是一下子就记住了呢？卖水果的可以叫水果西施。所以借用明星词是一种很好的网红起名方式。

（2）亲戚词

什么是亲戚呢？顾名思义，妈、爸、兄弟姐妹、叔叔之类的，这些都是。有一个共同点，他们都会让人产生一种亲近感，人们会很愿意接近他们。

来看几个例子。

网上很火的那个石榴哥，白天在学校教英语，晚上在景区卖石榴，做抖音直播。他语言幽默，自带憨厚属性。卖石榴的时候还能用流利的英文跟外国人交流。他每次直播时都有很多人围观，可以说已经红透了抖音半边天。

抖音上火起来的还有一位叫魏文锋的，是一个普通的杭州小学生家长。当然这是他的真名，他的网名叫老爸测评。他自己做了十几年的实验室检测工作。因为是爸爸的身份，他特别关注小朋友的健康。早期他专门做学生文具等日常用品的测评视频，评估产品质量以及成分中是否有毒等。节目一经推出就大受欢迎。

相信很多人尤其是妈妈们可能都听说过年糕妈妈，就是那个做自媒体的浙江大学医学硕士。她做微信公众号起家，早期做自媒体，后来做知识付费、母婴电商。虽然现在网上质疑她的声音比较多，但不能否认的是她的名字起的还是很具备传播属性的。

相信很多做自媒体、知识付费的伙伴们肯定知道秋叶大叔，那个每天在公众号发布PPT知识的大V，现在大叔已经是知识付费领域的大咖级人物。

除了上面几位真正的网红之外，身边也有一些朋友起了不错的网红好名字，比如做微商卖眼霜的眼霜御姐，我的妈妈悠外婆爱手工在火山上有 6 万多的粉丝，还有在朋友圈靠卖柚子起家的柚子妹。她们都是借助亲戚词，起了很不错的让人容易记住的好名字。

（3）常用词

什么是常用词呢？举个例子，你知道陈港生这个人吗？相信很多人都不知道。其实他就是成龙，本名叫陈港生，因为他是在香港出生的。后来他做了演员，陈港生这个名字非常不容易记，之后才改名为成龙。我们都知道有望子成龙这样的说法，所以“成龙”本身就是一个常用词。事实上也是，他改名叫成龙之后，别人一下子就记住了。

再来看两个例子，这两个例子虽然不是个人的例子，但也很有借鉴性。

【案例 1】太二

比如说在上市公司九毛九集团旗下有一个连锁餐饮品牌叫“太二”，主打菜是酸菜鱼。自从我去过这家店之后，就对他家产生了深刻的印象，太二这个名字实在是太有趣了，很有自嘲的意味。

更有意思的是，店里所有的标志及员工身上穿的工服背后印的都是大大的“太二”，还有各种跟“二”相关的广告宣传语，让人忍俊不禁，忍不住拿起手机拍照发朋友圈。这个名字就是自带传播力的好名字。以后只要一想吃酸菜鱼，第一个想起来的就是“太二”。

【案例 2】叫个鸭子

“叫个鸭子”是一家做外卖的公司，主要以自制秘方烹制的鸭子为主打产品，以及与鸭子相关的辅食。他们的名字也非常棒，“叫个鸭子”，叫“外卖”嘛，一下就讲清楚了自己是做什么的。同时这也是一个有趣的名字，不仅因为名字本身有趣，而且还能联想出很多有趣的场景或故事。

“叫个鸭子”的联合创始人强亚东，曾这样分析这个名字，“我们现在处在一个泛娱乐的时代。在年轻人眼中，所有的事情都可以变成一种乐趣。他们愿意主动去晒好玩的东西，彰显自己的个性。我们要做的就是为他们创造素材，给他们提供话题。”而“叫个鸭子”就能击中这一点，有趣、好吃、新奇，正好切中年轻人爱玩的心态。他们可以用来调侃，在朋友同事之间引起非常多的话题。这个品牌名字很好地洞察和释放了当下年轻人的生活状态。

“叫个鸭子”前期几乎没有花过任何推广费用，就是靠着名字好玩、产品好吃在社交媒体靠自传播火了起来，而且速度非常快。

明星词、亲戚词、常用词都是起名字的好方法。

## 3.1.2 讲个疯传的好故事

打造个人品牌的第二个关键的步骤，是讲个自带传播力的品牌故事。其实这就是个人介绍。当然这个介绍不只是单纯的个人经历，需要提炼出自己的经历中跟所从事的领域相关的地方，写出一个有吸引力的好故事，吸引别人关注并产生深刻的印象。

比如，我现在的定位是价值变现教练。那么个人故事该如何写才能让别人记住我，并且信服我可以做好价值变现教练这个工作呢？最关键的是写的内容要真实，一定不要去捏造内容。如果有些人为了吸引眼球，用了虚构的内容，结局往往都不好。开始的时候别人可能信以为真，一旦真有人找到，进一步跟他咨询或者交流时，肯定能感觉出他讲的东西到底是真的还是假的。讲不属实的东西，会严重损害个人品牌。

下面给大家总结了三种版本写个人故事的方法。按照介绍时间的长短，分为三分钟版、一分钟版以及十秒钟版。

### 1. 三分钟版

三分钟版的个人故事，有一个七步公式：

目标→障碍→努力→结果→意外→转折→结局

这个公式的核心就是明确目标，围绕目标描述障碍、反转、意外等跌宕起伏的情节。其实很多好莱坞大片就是按照这个框架来编故事剧本的。而大家正好可以借用这个框架及时来讲好自己的个人故事。

用我自己的故事来给你拆解一下。

① 目标：在大学二年级时，受《穷爸爸富爸爸》那本颠覆我 20 年人生认知的书的启发，我下决心要建立自己的赚钱系统。

② 阻碍：硕士毕业一年后，我从知名外企辞职，准备创业，遭到家人的强烈反对。他们觉得一个名牌大学毕业生，居然要开始做小生意，太大材小用了。

③ 努力：不顾家人反对，我毅然辞职，只身一人去广州等地考察选货，在上海开出第一家创意家居店。

④ 结果：3 个月后收回初期投资，3 年内开出 3 家连锁店，帮父母买了两套房。

⑤ 意外：当我雇了店长和店员后，自己开始放手，却发现生意远没有

我自己经营的时候做得好，加上房东涨房租，我又不擅管理等多重因素，店铺开始赔钱。

⑥ 转折：我开始意识到自己欠缺很多管理技能，需要继续学习商业知识，提升管理能力，关店，再出发。之后进入商业教育领域，从全球知名商学院的 EMBA 负责人到上市公司旗下教育子公司做项目操盘手。

⑦ 结局：跟企业家和投资人的近距离接触，开阔了我的视野。独立操盘十多个项目后，辞职做咨询公司，帮早期企业成长。

这就是我的个人故事的框架，根据这个框架我写了一篇完整版的个人故事文章，放在了公众号上，方便别人对我的了解。其实这个故事我在很多分享的场合都会根据需要使用，来介绍我擅长和从事的领域。

三分钟的个人介绍故事，就是“完整”故事的七个步骤，让每个人的故事有头、有尾、有冲突、有转折。故事该有的它通通都有。其实不管小说、电影，还是漫画，只要是讲故事的，大都有类似的戏剧结构。

### 2. 一分钟版

至于一分钟的故事版本呢，其实是从三分钟的故事里面截取出来，但把重要的精彩部分，放大处理。

这个版本可以有两种写法，分别是不同的逻辑。一种写法叫作努力人的故事，另一种写法叫作意外人的故事。

“努力人”和“意外人”两者之间的差别在哪里？我来举两个具体的例子，详细拆解这两个公式给大家看。

（1）努力人公式

第一个公式，叫作“努力人公式”，其实就是三分钟故事的前面四个步骤：

目标→阻碍→努力→结果

努力人公式中努力是重点，阻碍是辅助。

我们以发明大王爱迪生为例：他为了改良灯泡，试过无数种方法，最后终于成功了。

可是究竟要失败几遍，才算得上是努力呢？相信很多人都知道爱迪生改良灯泡时，失败了上千次，更准确的答案是一千六百多次。

现在，我们就通过“努力人公式”，来讲一讲爱迪生的故事。

①目标：19 世纪初，已经有化学家发明电灯了，但既贵又不方便，完全没有实用价值。所以大家基本上还都是使用煤油灯或煤气灯，但这类照明工具不仅需要添加煤油或煤气确实很麻烦，重要的是还会引起火灾，给使用者造成很大的困扰。于是爱迪生决心改良灯泡，制造出便宜、耐用又安全的电灯。

②阻碍：灯泡的原理是利用通电来发热。当温度升到高点时，白热化的热能就会转化成光源。然而问题就出在要发光就得高热，而灯泡里的灯丝承受不住高热。所以通电没多久，灯丝就会断裂。

③努力：如何让灯丝不断裂，是爱迪生努力的重点。经过多次实验之后，爱迪生发现灯泡里的空气会助燃，于是他抽光空气。这个举动让灯丝足足持续了八分钟才断裂，这是初步的成功。

下一阶段爱迪生的任务就是找到更耐热的材料来当灯丝。爱迪生最早使用的耐热材料是碳，但失败了。随后，他把所有想到的耐热材料全部写下来，总共有一千六百种之多。这也太多了吧？有没有聪明一点的测试方法呢？

没有找到，爱迪生只能一一测试。

当有人问他，为什么你失败了这么多次，还不放弃，这样会不会太浪费时间了？他是这么回答的，“不，一点都没有浪费，因为我已经知道哪些材料不适合了。”

当所有耐热材料都试过一轮之后，爱迪生发现白金最适合，因为它可以让灯泡发光两小时。但白金实在太贵了，一般人根本负担不起，而且两小时也还不够长。失败了一千多次之后，连最乐观的爱迪生也陷入了困境。

一个寒冷的冬天，爱迪生在炉旁烤火。他眼里看到的是炽烈的炭火，但心中挂念的却是通电不持久的灯泡。看着火炉里的炭火，他心想，“碳是不错的材料。”可惜他最早的时候就已经测试过了，而且结局是失败的。

后来，他顺手扯下脖子上的围巾，看着手里的围巾，他突然有了灵感。于是他从围巾上抽下一根棉纱用炉火烤成焦炭，然后小心翼翼地放进了灯泡。

没想到通电之后，灯泡居然持续亮了十三个小时。后来经过改良，又进一步延长到了四十五小时。这可是大的改进。软弱的棉纱烤过之后，居然比白金更耐热。

四十五个小时这个数字一传开，轰动了全世界，便宜又安全的光明时代即将来临。大家纷纷向爱迪生祝贺，但他却摇摇头：“不行，还不够长，还得再找其他材料！”

大方向已经明朗了，关键材料就是“植物的纤维”。事情看起来简单一点了，但大家知道爱迪生后来又测试了多少种植物纤维吗？答案是六百多种，他连马的鬃毛、人的头发和胡子都拿来测试。

最后，爱迪生终于找到竹子，碳化的竹子可以让灯泡连续不断地发亮一千二百个小时！

④结果：竹丝灯泡不仅物美价廉，而且还非常持久耐用，所以它被量产出来，持续用了好多年。1906 年，爱迪生改用钨丝，取代竹丝，灯泡的寿命再次大大地提高。

这个就是典型的努力人的故事。即使在已经看到了胜利的曙光时，爱迪生依然没有轻易放弃，总是在找寻更适合的灯丝材料。从这个故事中，我们的确看出了爱迪生惊人的执着与不懈的远超过常人的努力。

（2）意外人公式

第二个公式，叫作“意外人公式”，其实就是三分钟故事中的第一个步骤加上最后三个步骤：

目标→意外→转弯→结局

意外人的例子呢，我来讲讲歌手唐图生的故事吧。他的故事实在是太有戏剧性了，直到现在我还记得。

一个好故事，会自己长出脚来，自己去传播，根本不用为此付钱打广告。

咱们来用意外人的故事公式套用一下。

① 目标：唐图生的目标是当一个歌手。很多年前，他还没出道时，暗恋过一个女孩，想追求她，又不知道怎么开始。他觉得自己外表一般、没啥胜算，但是会弹吉他，于是他就每天都想办法出现在女孩必经的路上抱着吉他帅气地边弹边唱。因为歌唱得不错，每次唱歌，周围都会围不少人，女孩有时候也会停下来听一小会儿再走。

② 意外：三个月后的一天，女孩终于走到他的身边，开口跟他说话了。唐图生当时超级兴奋，开心极了。女孩说：“你好，我想鼓起勇气，跟你说一句话，因为……”女孩正说到关键的时候，她的身后突然出现了一个男孩，过去牵起了她的手，女孩羞涩地说，“谢谢你，你是我们的媒人。我想知道你叫什么名字。”唐图生听了后脑子开始嗡嗡作响，自己的良苦用心居然为别人做了嫁衣。

原来，女孩爱听他的歌，每次路过其实都会不自觉地放慢脚步。没想到同一时间，也有一个男孩跟她一样，也喜欢听唐图生的歌。于是，两人就这样相识了，而且那个男生向女生表白，女生觉得很神奇，同意了，两个人就这样因为唐图生而有了缘分。

③ 转弯：女孩说完之后，围观的人热情鼓掌。唐图生自然很难过，但他不想表现出来，于是他故作大方地说，我给你们唱首歌，祝福你们吧。可是这次他唱得非常动情和投入，而且不禁在夜色下偷偷掉下眼泪，只有他自己知道是遗憾的眼泪。

④ 结果：因为那次经历，唐图生对唱歌有了自信，意识到自己的歌是受人欢迎的，开始尝试去一些酒吧驻唱，成了当地一名小有名气的歌手。

这就是故事的魅力。相信每个听过唐图生故事的人都会对他记忆深刻。

“意外人公式”强调的是“超乎想象”，虽然“意外人公式”的重点就是意外，但“转折”其实才是它真正的目标。

所以，“努力人”的故事，因为不怕一次又一次地跌倒后再站起来继续努力，而令人感动。

至于“意外人”的故事，则因为无法预料的意外出现的转折，而带给人们惊喜。

一分钟就能让人感动，一分钟就能令人惊喜，还有什么比这更棒的故事吗？

### 3. 十秒钟版

还有一个更简洁版本的十秒钟版本的故事。

举两位画家的例子。如果从知名度的角度来看，梵・高和毕加索的名气相当，不过他们的人生际遇大不相同。下面用十秒钟的故事版本来看下他俩人生的惊人对比。

梵・高，二十七岁开始学画，三十七岁自杀身亡。短短的十年创作生涯里，只卖出过一幅画，据说还是他弟弟帮忙卖的。

毕加索，十五岁开始学画，九十一岁过世，一生卖出的画不计其数，累积的财富惊人，身后遗产几十亿美元。跟大多数穷困潦倒的艺术家相比，他是最会赚钱的画家。

这两句话是不是讲述了这两位大画家的故事？

十秒钟说一个精彩的故事追求的是，找到主人公经历中最有冲突、最让人意想不到的对比，给听的人留下深刻印象。例如苹果创始人乔布斯“被自己一手创立的公司赶出去，最后再回来拯救自己的公司”。

所以，对比就有情节，也是写好十秒钟故事的精髓。

## 3.1.3 持续输出有价值的好内容

前面讲的起个好名字跟个人定位有关，讲个好故事则可以吸引更多有兴趣的人关注。但打造个人品牌是个持续的过程，不是一天两天就能形成的，接下来就要靠持续输出有价值的内容来逐渐塑造品牌了。

关于内容的输出，一种是原创。有能力原创当然是最好的，不过这对于个人的要求也很高，需要深厚的底蕴、持续的学习和不断输出。

另外一种是筛选，基于自己所在领域的研究，筛选出优质的内容和信息进行持续输出也是可以的。比如像“灵魂有香气的女子”公众号，她们做的其实就是传统媒体里编辑类型的工作，每天挑选出女性读者感兴趣的有关情感、成长类型的优质文章，整理编辑发布在公众号上。她们把做杂志的功底用在新媒体上，正好又赶上微信公众号的红利期，短短时间就做出了女性情感大号。

接下来我们来讲内容的形式。

（1）文章

写作能力不错的人，就可以通过写文章来输出内容。这也是目前最普遍的个人IP输出内容的形式。输出文章的平台也有很多，比如像微信公众号。不过该平台是封闭式的，必须关注成为粉丝才能看到号主的文章。想要有更多的流量，就得有很多人转发，文章才有一定的曝光量。加上现在已经错过了微信公众号的红利期，通过微信公众号扩大传播力已经是很难的事情了。所以通过写文章传播内容的话，最好能发布在比较大的公开流量池类型的平台。比如今日头条，跟微信公众号的封闭自流量完全不同。它是利用算法机制来推荐的，即使你是新账号，只要内容优质有价值，平台依然会给你分配流量。还有如简书，聚集的是爱好写作的群体，也比较适合发布文章。

另外就是像知乎、百度问答这一类的问答平台，可以通过回答自己擅长领域内的相关问题来宣传个人品牌。尤其是当回答内容优质被很多人收藏或者评论的话就容易被平台推荐，从而吸引大量粉丝。有不少知识类型的IP都是先从知乎上火起来，然后才逐渐出书、推出自己的课程等。

（2）音频

最典型的当然是“罗辑思维”的创始人罗胖了。早期他每天早晨6:00雷打不动，发布一条60秒的语音，一坚持就是4年，积累了一批忠实的粉丝。当他第一次求打赏时，就有上万粉丝给他支付一年的粉丝费用，普通粉丝是200元，铁杆粉丝是1 200元。另外一个案例是讲时间管理的叶武滨老师。早期他在喜马拉雅音频平台上持续输出时间管理方面的专业知识，一共有200多讲免费内容，积累起大量人气。后来他就顺势推出了付费音频内容以及线下培训课程。

还有像荔枝微课、千聊这样的平台特别受培训界的老师们喜欢。它们可以作为开线上课程的工具，不仅可以上传音频，还可以采用直播的方式，很适合跟学员进行互动。很多老师都会开自己的直播间，定期举办一些公开免费线上课程，通过输出专业知识进行宣传。这类平台最大的好处就是使用方便，还能进行内容的留存，反复播放。

（3）短视频

比如抖音、快手、火山等小视频App。也催生了很多视频达人，尤其是那些有原创能力、又有个人魅力的IP。我就很喜欢看抖音上的一个叫“碎嘴许美达”的博主。她居住在美国，人长得不美，可是特别会讲段子，经常把日常生活中的很多小事都编成段子，从她嘴里讲出来就特别有意思。而她就有特别鲜明的人设，让人一下子就能记住。还有一个分享考研经验的张雪峰老师，优酷等网上有很多关于他上课的视频，被人传为神段手，绝对是英语培训界的流量担当。

除了上面三种内容形式以外，还有很多人有画画、手工之类的技能，也都可以利用各类平台去传播自己的作品。比如可以利用微博展示自己的插画作品，还可以利用视频拍摄画画的过程。像抖音之类的短视频平台上就有各种画插画、手绘、水彩、写书法之类的视频，通常博主每天都会上传一个小作品，每日一画，每日一字之类的。还有像我妈妈从 2018 年就开通了她自己的火山小视频，主要展示她编织的手艺和技能。现在她是手工类博主，已经有 6 万多粉丝了。

如今社交媒体里有特别多好用的工具，简单易上手，每个人都能找到适合自己内容形式的输出平台，持续输出自己的价值、理念以及作品等，不断去提升个人品牌影响力。

所以对于想要打造个人品牌的人来讲，起个好名字，搭配上一个品牌好故事，就像打了免费广告一样，只要进入社群中，或者在社交媒体中发布，就会吸引人们的眼球关注。大家对某个人感兴趣了，就会对他做的事儿有兴趣，进一步想要深入了解他。人们对他越熟悉，越会信任他，也就越有可能向他付费购买产品或服务。而持续输出有价值的内容又能不断加强受众的信任感，进而提升潜在客户的转化率，减少他们购买时的决策时间和成本。

# 3.2 掌握三个维度，建立个人内容传播策略

如今这个信息时代，对于个人品牌来讲，内容就是最好的营销传播方式，成本低，传播起来又方便。输出什么样的内容决定了个人品牌形象，影响着用户对品牌的认知。

关于内容传播，下面总结出三个维度，想做个人品牌需要特别注意。

**1. 第一个维度：关注目标受众**

即输出的内容是给谁看的。一定要分析好自己的目标客户，第一章就专门写过用户画像的内容。只有心里清楚用户画像，才能在生产内容时就把自己的目标受众考虑进来，思考需要用什么样的口气、什么样的素材、什么样的方式能够打动他们。

而在目标受众中，有的人是阅读型的、有的人是听觉型的、有的人是

视觉型的，他们获取信息的方式各不相同。阅读型的人喜欢通过安静地阅读文字来获取信息，听觉型的人喜欢通过声音获取信息，视觉型的人则享受视觉对各种感官的刺激。

像公众号“罗辑思维”，最早是每天在公众号上发布罗胖的音频60s并配合他精选出的文章。后来推出“得到App”以音频输出知识产品搭配文字信息的方式。再后来，他们又用视频的方式直播公司的每周例会，从而加强用户跟他们的进一步链接。这就是他们在聪明地综合利用各种形式去影响自己的用户。

### 2. 第二个维度：内容定位

究竟要输出什么样的内容才能吸引用户？尤其对于希望建立品牌的个人来讲，我们对外输出的内容一定要有垂直度，不要什么内容都分享。

比如我的妈妈当初开了火山小视频的个人账号后，就把自己的各种爱好都在上面分享，包括手工编织、瑜伽，还有平时的心得感悟等。当时她发给我看了之后，我觉得太杂乱，建议她主要选一种爱好分享，其他的都删除，这样她的定位才清晰，也有助于别人建立起对她的认知。后来她改名叫“悠外婆爱手工”，定位在编织的细分领域，专注分享各类编织作品以及相关教程。聚焦后，她的人气很快就上来了，三个多月就累积了2万粉丝。

我自己的微信公众号定位在创业领域，专门发布原创文章，内容主要涵盖初创业者普遍会关注的一些话题。虽然粉丝不多，但都比较精准，转化率也不错。还有粉丝是看了我的多篇文章后，决定参加我们公司组织的股权课程培训，而该培训的学费要上万元。

所以，正如凯文·凯里的1 000粉丝定律，在最初的时候不要贪多，要修炼好基本功，持续输出内容，慢慢先积累自己的1 000粉丝。为什么是

1 000 个粉丝呢？因为对于个人来讲，只要有 1 000 个铁杆粉丝，他们也愿意成为付费用户的话，那么，我们起码可以维持生存，甚至生活得很好了。

### 3. 第三个维度：分享平台

输出内容的形式决定了选择哪些平台，在前面一节中我已经介绍过文字、音频以及视频类的几大平台了。

在个人品牌打造的初期，可以根据自己擅长输出内容的形式选择分享平台。这里要注意的是，开始的时候可以先选择一个平台着重打造，不要一上来就注册很多平台同时发布。因为不同的平台规则也不同，而熟悉各个不同的平台和发布内容也需要耗费很多时间。早期要把主要精力放在修炼内功上，有一个主要对外输出的平台建立个人形象就足够了。

像我选择的就是微信公众号，后来才开通头条号、知乎等平台，但到目前为止，也还主要是以公众号为主。我觉得在早期深耕一个平台，足以建立起别人对个人品牌的认知，不要太过于分散精力。等到产品内容等都稳定下来，再花时间和精力去其他平台推广完全来得及。

# 3.3 变现公式中的赚钱秘密

这本书讲的价值变现其实就是赚钱，赚钱也是有公式的，而且非常简单。

给大家一个最重要的公式，变现 = 流量 × 转化率 × 客户价值。这个公式看似简单，却蕴藏着最直接的赚钱秘密。

**变现 = 流量 × 转化率 × 客户价值**

流量就意味着要打造自己的流量体系，也就是要建立用户池。

转化率的高低意味着成交量的多少，所以必须要有一套非常完善的成交系统，个人品牌的打造就是为了提高转化率而做准备的。

客户价值意味着一个客户究竟可以买多少产品，是否有复购。这同时也意味着我们的产品体系是否完善，能否深度挖掘客户的价值，让平均客单价更高。

举个例子，假设某个品牌有 1 万的流量，转化率是 20%，每位用户在该品牌的消费额度一年平均下来是 1 000 元，那么该品牌一年一共赚了多少钱呢？根据前面的变现公式，答案就是 10 000 × 20% × 100=200 万元，也就是说该品牌的年销售额是 200 万元。

所以，有了这个神奇公式，就可以用它来指导所有人赚钱工作了。

要想提升自己的赚钱能力，无非就是从三个方面入手，要么提升自己的流量，要么提升转化率，要么就是提升客户的平均购买价值。

这三者相辅相成、互相影响，任何一个方面做得不好，都会影响最终的变现价值。

## 3.3.1 打造私域流量，建立你的用户池

先来看看流量，流量也可以理解为人流量。

打个比方就很容易明白了。比如说有人想开一家餐厅，在选址的时候要考虑经过这条街的人流量到底有多少。如果人流量大，那当然进店的人数就多。要是想自己建个独立网站开店的话，能吸引进店的人数可能会很少。但如果放在淘宝上就不一样了，天然就有很多潜在用户，只要搜索到自己的产品，就可能成为自己的客流。

所以，做个人品牌价值变现也是同样的。不管是卖实物还是卖服务，

归根结底都是做生意，都得有人能够找到你、知道你是卖什么的，才有可能做成生意。因此要想做生意，就一定要做两件事。一是要找到精准客户所在的鱼塘钓鱼，也就是引流。二是要建立自己的客户池塘，简称用户池。这里的“鱼”用来形象地比喻客户，“鱼塘”用来比喻客户聚集的地方。

很多微商在这两方面就做得非常不错。他们非常擅长在潜在用户所在的鱼塘中钓鱼，然后把鱼全都抓在自己的私人微信号上。他们会用各种办法制作鱼饵来钓鱼，他们的微信朋友圈除了晒产品还会晒生活方式，定期做产品促销活动送礼物之类的，不断刺激潜在客户的兴趣，最终要么找他们下单买东西，要么成为他们的代理。

另外，大家会经常收到一些人群发的微信消息或者在朋友圈看到一些海报，比如邀请免费听课之类的，这些试听资格也是常用的诱饵。

市面上有很多方式可以自建用户池。比如说可以做自己的 App、个人微店、小程序或者微信公众号等。如果选择自建 App 或者小程序，开发和维护成本会比较高，还需要有效的推广策略以及投入不少推广成本。而太多 App 都终止在打开率上，即使有人下载了 App，没有养成使用习惯的话，这些 App 或小程序活跃度就很低，也就毫无价值了。

目前最好用的还是基于微信端，因为每天打开微信的人已经高达 10 亿多，几乎有手机的人都会使用。微信已经成为人们日常生活中必不可少的社交工具。所以，选择用微信建立用户池是性价比非常高的方式，这也是前几年微商能够崛起的重要原因。而基于微信端，则有微信公众号以及个人微信号两种选择。

相比之下，微信公众号的好处是粉丝量不受限制，劣势是每天只能发布一次内容且打开率很低。而微信个人号好友量最多只能有 5 000 个好友，但好处是每天发朋友圈的次数不限，被用户看到的可能性很大，触达率反而很高。

所以，现在用微信个人号建立用户池是不错的选择。微信好友数量和朋友圈内容打造是做好微信用户池的必要工作。

微信好友积累得越多，意味着潜在用户可能就会越多。一个普通人的微信好友一般在 500 人以内，要想用微信个人号建立用户池，就需要做好引流工作，扩大自己的鱼塘，提升好友数量。

而朋友圈是触达用户的重要阵地。如果把微信朋友圈比作一个电视台，那每发布一条朋友圈就等于是向潜在用户播放了一次电视节目，只要他们观看了就有可能加深印象。长期积累就能建立信任，成为真正的用户。

提升好友数量，可以通过引流方式来解决。市面上的引流方法也非常多，包括免费的和付费的。对于创业资金有限的个人来讲，尽量用免费方法来尝试，以降低试错成本。

接下来我会列举最有效的四种免费引流方式。这四种方式都比较适合普通人使用，我自己也都分别尝试过。

（1）资料包引流

这种方式可能有不少人知道，比如说很多微信公众号定期会做引流，他们通常会在文章末尾给粉丝一个福利，扫码加客服微信号就会送一些非常诱人的资料包。如果是个人的话，通常用的方式是在群里吸引粉丝。比如在某个群里发自我介绍时，在末尾加上“添加我为好友，赠送 ×× 资料”，就会有对这些资料有兴趣的人主动去加他。这就是利用了人们想要占便宜的心理，每个人都想免费获得有价值的东西。只要添加微信就可以获得有用的资料对大家来说是很简单的动作。而对于引流者来说，就获得了一位潜在用户。

（2）微课引流

简单来说，就是在别人的社群里面去讲课或做主题分享，每次差不多 30 分钟到一个小时的时间。这种方式对我特别有效，每次分享完都会有很多人来加我好友。当然对很多从来没讲过课的人来讲，肯定会觉得这个方法有难度，不知道该怎样讲课，也不知道该做什么主题的分享。其实只要用心准备，每个人都可以。每个人都有自己最擅长的内容，不一定要很宏大的主题，完全可以从一个非常小的点切入，哪怕是一个线上小工具的使用都是可以的。比如说曾经在一个社群里，有一个女生是做海报设计的，她就给大家分享了如何做海报的主题，内容涉及有哪些工具可以做在线海报，然后又用某个工具举例到底该怎么使用。这个内容对于线上老手可能很简单，可一定还有很多不知道的人会感兴趣。而那个时候我对线上还不是很熟悉，她分享的内容对我就很实用。

（3）特色内容引流

比如社群里有个小伙伴会算塔罗牌，有一次她主动提出帮每个有兴趣的小伙伴免费算一次，特别受大家的欢迎，几乎所有的人都加了她微信算塔罗。我在其他一些社群里还看到有人免费给群里的成员做花式二维码、做表情包等。这些都是比较不一样的特色服务，大部分人都有兴趣了解，他们正好借机加了不少好友。总之，教大家用一些有意思的小工具或者免费给大家提供一次服务都是不错的特色内容。但是也一定要注意，不要在某个新社群里一上来就想涨粉，要先在社群里跟大家互动，逐渐建立起信任感，了解到大家对某些内容有兴趣时再提供价值加深链接，这样容易给别人留下好印象，引流效果也会比较好。

前三种方式在你好友较少的时候可以使用，当你好友多起来，到了 500 或 1 000 人以上就可以用第四种方式了。

（4）互推引流

互推的意思就是两个微信好友数量差不多的人，在朋友圈互相推荐。比如他们可以分别在自己的朋友圈写文案推荐对方，等于自己在帮对方背书，然后自己的好友就有可能主动加对方为好友。我曾经就跟一位创业者进行过互推。朋友圈里写我的好友谁刚刚开始创业，他在这个领域有过多年的工作经验，人也非常靠谱，对他产品感兴趣的可以扫他的二维码，备注我的名字，他会赠送你价值多少的礼物。这里要注意的是，进行互推时双方都要写文案，而且最好给别人一些福利，让别人有冲动扫二维码来加你推荐的人为好友。我知道一些自媒体大 V 经常用这种互推的方式，尤其是微信公众号早期的时候，粉丝量相当的公众号之间互推涨粉的效果特别好。只要大家做的是不同的领域，有交叉的客户群体，就可以采用这样的方式。我在朋友圈也经常见到两位不同领域的高手，在朋友圈里用互推的方式进行引流。

有些人可能会觉得自己是小白，又没什么名气，怎么可能会有人来加自己呢？其实千万不要这么想。我本来是做线下的，线上也是从零开始。刚开始的时候也没有人认识，需要重新建立自己的认知度。我的一个新号就是从零开始，在短短的几个月时间积累了将近 2 000 好友。所以，只要你开始大胆尝试，就一定会有结果。

不管是通过以上这四种方式还是其他引流方式，不断添加好友到微信个人号上就是一个自建用户池的过程。只有加到自己的微信号上，后续才有机会跟潜在客户互动，这也是近两年特别流行的私域流量的概念。当然引流粉丝到微信公众号等也算作私域，但是目前所有这些都不如加微信好友更直接更有效。不仅是个人，很多做淘宝的店主以及越来越多的企业也都开始运营微信个人号，把它作为跟客户沟通的主战场，他们越来越体会到把微信个人号作为主要私域带来的巨大效果。

## 3.3.2 打造自己的微信精致花园

很多潜在用户并不会第一时间就购买某个刚听说的产品或服务，除非是知名大品牌，否则一般都会有个购买观望期。在此期间，我们需要不断做好信任铺垫，而打造个人品牌起的就是这个作用，持之以恒地展示价值，展示可信赖度，潜在用户最终才有可能付费转化成真正的用户。转化率的高低本质上反映了你跟客户之间是否有做好价值传递。在客户真正购买之前，需要感受到足够多的价值，只有他们感觉到受益，后续才有机会顺理成章地自愿付费。

对于个人品牌来说，通过不断引流微信好友，自建了宝藏用户池，那该如何让潜在用户高效地感知到自己的价值呢？答案是像经营企业一样好好经营微信个人号，把它打造成人人想来逛逛的精致花园，而不是总发骚扰广告被人厌恶的大卖场。

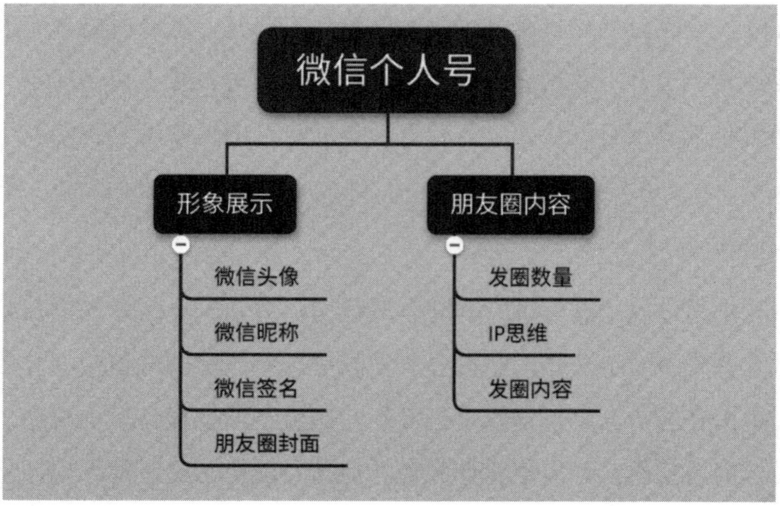


### 1. 形象展示

首先要做好微信形象展示，这里有四个方面要特别注意。

（1）微信头像

有很多人不太重视，随便选了图片做头像。想想看，如果一位做心理咨询的顾问，选了家里宠物的照片做头像，怎么能让别人建立对自己专业顾问的认知呢？还有人选择风景、孩子之类的图片，这些头像都太随意，不容易让别人联想到职业背景，当然很难留下深刻印象。最好做的事情跟头像有紧密相关度。比如，我认识的一位叫蟹老板的，他是专门卖螃蟹的，微信头像上放的是一张自己手拿一个红红的大闸蟹的照片，这个就特别好，别人一看就明白了。还有一些专业人士放精心拍摄的形象照也是不错的选择。另外有一些创意头像，比如擅长手绘的人，给自己画一幅头像画就不错，还有摄影高手，拍一张自己的创意头像照也很棒，让人会瞬间加深对你身份的认知。

（2）微信昵称

既然选择把个人微信号作为跟客户紧密联系的纽带，就要给自己起一个能显示专业的昵称。当然，如果不想把自己的私人好友跟工作好友混在一起的话，也可以分别注册两个号：一个私人号，一个工作号，这样就不容易互相干扰了。私人号依然保留个人喜好，在工作号上则用定位好的专业标签。比如像我的微信昵称就是毅菲——个人价值变现教练。这样潜在客户看到我的昵称就知道我是做什么的了。大家可以去观察下，个人号打造比较好的肯定是用自己的昵称直接体现自己的职业领域，比如什么形象顾问、海报设计师之类的，完全就像一张个人名片一样。

（3）微信签名

这个地方很多人不注意，其实完全可以好好利用，虽然字数不多，但是仍然相当于店铺的广告位，千万不要忽略。比如像我自己的，就公布了我个人一对一咨询私教以及企业咨询的业务，让别人一目了然，知道我能提供哪些服务。这就像很多名片的背面一样，一般会印上业务范围。还有一些人会放自己的价值观、个人成就等也都非常好。比如有些知识管理方面的老师或咨询顾问，昵称处虽然已经体现了专业领域，但是同领域的人其实有很多，如何体现自己的特殊之处呢？要是你出过一本书或者已经成功开设了多期训练营，就可以在签名处写上某某书作者，或者已成功开设时间管理训练营的期数，这些内容就是个人成就的展示和信任背书，会向潜在用户传递信服力。

（4）朋友圈的封面

这个地方也是容易忽视的地方，可以说这是除了昵称外最有效的一个广告位了。很多人都是随便放一张风景照，非常可惜。完全可以找设计师定制一张专业的个人名片放在这里，完整地展示出个人头像、身份定位、个人成就以及主营业务。

以上四个方面全副武装起来，就可以用好个人微信号里巨大的宝藏了。仅此是这些大多数人不注意的小地方都是极具价值的。尤其是要想通过微信进行价值变现，那就一定要高度重视起来。从现在开始对照上面几个地方检查一下，到底哪个部分可以改进，快点去完善自己的微信形象展示吧。

**2. 朋友圈内容**

当我们打造好自己微信上的形象之后，是不是就完了呢？别人就会主动来找你下订单了呢？当然不是，还不够。

如果想要通过朋友圈变现的话，还有一个非常重要的环节，就是要建设朋友圈花园了。通过朋友圈内容的打造，才能让引流来的好友产生更多的信任，才会逐渐转化成用户，从而提升转化率。

我相信肯定每个人都会在自己的朋友圈中，看到过有人会频繁发朋友圈，一天可能发上十几二十条，内容往往都是他的产品信息、价格以及晒各种付款的截图。看了这类人的朋友圈之后会有什么样的感觉呢？是不是很想把他屏蔽，一看就像是做微商想来赚钱的。

可是还有一些做朋友圈营销的人很聪明，他们在朋友圈里，会经常发一些很有意思的内容，一点也不惹人烦，相反还会很吸引人去看，有时候还有很多人把他们的好内容转走。这样的人在朋友圈偶尔推荐东西，如果有需要的话，是不是就会愿意找他购买呢。比如我的好友里就有一个卖水果的，他每天不会频繁地发产品介绍，可能也就是每天 3 ～ 5 条信息，但是内容很丰富，而且一点都不惹人反感。有时候会发他在果园摘果子的照片，有时候会发他研究出来的这些水果跟哪些东西搭配可以做成美味的饮品或健康餐，有时候会发他的生活状态，有时候会发一些有意思的对话，他也会定期做一些促销活动。朋友圈做得就很生动，每次看到都加深我对他的印象，让我牢牢记住了他的身份，想买水果的时候就直接找他去下单了。

所以朋友圈的建设是有方法的，高手知道如何发内容才会吸引别人，让别人喜欢你，对你产生信任感。而知道了这些方法之后，不用发很多信息，反而会产生更多的成交，好友还会很喜欢。

（1）发圈数量

朋友圈每天要发几条内容合适呢？

有朋友圈专家说最好不要低于 5 条，尤其是针对那些把朋友圈作为主要线上销售渠道的人。因为每个人一天刷朋友圈也就那么几次，如果低于 5 条的话，别人很有可能会错过根本刷不到，也就意味着展示量不够，转化机会就少很多。

对于有本职工作、兼职的伙伴们来说，如果确实没有时间发很多条朋友圈的话，就一定要保证发出的每一条都是有价值的内容，是想要呈现给潜在客户让他们看到的优质内容，做到高质量发圈。

（2）IP思维

朋友圈该如何规划内容呢？

首先，一定要注意的是在发朋友圈的时候要采用IP思维，而不是货架思维。什么是货架思维呢？就是前面说的打开一看，一排全部都是产品图片、产品介绍、产品价格之类的信息。这种方式别人看了就会觉得这个人冷冰冰的，简直就像一个卖货机器，所以千万不要去做这种货架式的朋友圈，每个人的朋友圈都不是商店。即使是工作号，也不要把它做出冰冷的货架感觉。想想看如果去逛商场的话，大家是不是都更愿意去轻松亲切的氛围中购物呢？

在朋友圈里，大家愿意从某个人那里买东西的原因往往是觉得他这个人很有意思，输出的内容很有价值，想跟这样的人交朋友，本质上是被他的个人魅力吸引，其次才是卖货，这种方式才是IP思维。

尤其一些人所在的是专业领域，就更要用好IP思维。成为某个人的微信好友，就意味着拥有了他的信息圈，有机会在他的朋友圈里看到很多内容，比如行业信息甚至内幕等。

比如说像我是做个人价值变现的，那关于这个领域的一些最新信息，我的最新思考心得，我平时看的一些有价值的好书，加上我的点评等都会第一时间在朋友圈发布。那你跟我成为朋友之后，就有可能会第一时间看到。要知道，往往信息差会产生很多新机会。

还有我帮企业做咨询服务时，会组织一些商业活动，也会对外邀请人员免费参加。但是这些活动一般都是定向邀请，人员名额是有限的，成为我的朋友就有机会优先成为被邀请对象。

参加这些活动不光有机会获得高价值的礼品，更重要的是还能参与到更高级的企业商业活动中，在更高维度上提升商业思维和变现能力。

所以，IP 思维指的就是要把自己变成所在领域的专家，当成为专家或者顾问的时候，才会有价值，别人才会记住，才会愿意付费咨询或购买产品。

（3）发圈内容

具体到朋友圈的内容，可以分为五种。发好这五种内容，朋友圈就会比较精彩了。

① 个人动态：首先你是谁，长什么样子，日常可能会有哪些活动，平时的生活是什么样的。有真人出镜的照片，陌生粉丝容易建立亲近感。

② 产品动态：你的产品或服务到底是什么？有什么样的价值和好处？

③ 案例以及干货：就是服务客户的成功案例，在个人专注的领域有哪些别人可能不知道的技巧及干货。

④ 顾客反馈：可以去截取一些顾客使用产品之后的证言，让别人知道用了之后会有什么样的效果。

⑤ 互动：要在朋友圈里跟好友们互动起来，就不能单方面地去发布个人信息。当跟好友互动起来的时候，双方就会变得越来越熟悉，等到再去发布产品信息的时候，就容易被别人接受了。

这里第 1 种和第 5 种是可以多发的，第 2、3、4 种不要频繁发，每天分别有一到两条就可以了。发内容的时候，也千万不要机械地发商家信息，要从顾客的角度去思考，如何编写内容让别人有兴趣看并且能够获取价值，所以撰写方式是很关键的。

关于用好微信个人号的部分总结一下：首先要建立自己的微信形象，就像名片一样，微信头像、昵称、签名还有朋友圈封面都需精心地设计和展示，让别人一加到好友就有清晰的形象认知。其次，朋友圈的内容可以通过五个方面去有节奏地搭配发布，包括个人动态、产品体验、案例干货、顾客好评以及互动福利。了解了朋友圈的这些秘密后，快点去好好打造你自己的微信赚钱机器吧。

# 3.4 个人变现的六大模式

对于拥有技能型的个人，我一共总结出了六大类变现模式。

## 3.4.1 知识服务变现

拥有知识技能的个人，最常见的一种变现模式叫作知识服务变现，也就是最近这几年兴起的知识付费。通常这种服务形式是一对多的，它的主要业务是知识传播。

在这个大类里面也有两种主要的传播知识的方式，一种是付费文章，另外一种是付费课程。

### 1. 付费文章

关于付费文章，有几种收费方式：打赏、投稿获取稿酬、付费订阅等。

作者在一些自媒体像微信公众号，还有简书一类的文章平台，开通账号发布一段时间文章后，都有机会获得原创功能，可以在每篇文章后开通打赏功能，从而获得粉丝的打赏收入。而头条平台则推出了支持原创作者计划，每月都会现金奖励优质文章的作者。

我知道一些厉害的作者每天都写文章，每篇文章光打赏可能都会收到几百元甚至上千元。当然，普通人一开始很难到达到这样的阶段。不过所有的高手都是从零开始的，他们也是积累了很长时间才逐渐成为高手的。所以对写作有兴趣的人，可以尝试朝着这个方向努力，慢慢变成职业写手。

写文章除了打赏收入以外，作者还可以通过给一些线上媒体平台主动投稿获取稿酬。这种方式其实就是传统纸质媒体的进化。以前线上媒体还没有出来的时候，很多杂志报纸都会发布征稿启事，任何人都可以投稿，一旦文章被采用，这些传统媒体都会支付一定的稿酬，从几百元到上千元不等。

现在互联网以及移动互联网非常发达，线上媒体比线下纸媒也更加有流量，优势媒体有能力支付更多的稿酬。作者可以选择跟自己擅长的文章类型相似的平台去投稿。比如说擅长写情感类的文章，就要去找情感类的媒体尤其是那些女性大号；如果擅长写心理方面的文章，就可以去找一些心理类的微信公众号。

另外随着各类读书平台的出现，像得到、樊登、有书等都需要大量的优质作者写拆书稿。写拆书稿的收入一般比较多，通常每篇都会在千元以上。当然，这种机会对作者阅读书籍、理解及写作等综合能力要求比较高。现在也有一些专门教人写拆书稿的课程，通常这类写作课程也会对接需求方，直接为优秀学员推荐有用稿机会的读书平台。

除了这种单篇文章收到打赏以及稿酬的方式以外，还有通过多篇文章来获取收入的方式。比如很多知识类型的 IP 都有推出订阅式服务，粉丝会按月或按年支付订阅费用，在订阅期内就可以看到自己付费订阅的内容。这种方式就像以前订阅杂志报纸一样，只不过现在的内容是在线上呈现而已。

目前为个人提供线上内容订阅式服务的工具主要有知识星球、饭团 App 等平台。每个人都可以开通自己的付费圈子，定期发布精华文章等干货内容，读者支付订阅费就能查看，使用起来非常方便。一般来说，订阅费有按月付费和按年付费的形式。像知识星球是按年收费的价格机制，饭团则可以制订按月或按年两种价格机制。圈主可自行设定订阅费，一般从几百元到几千元都可以，取决于个人输出内容的质量及价值。圈主一旦开通订阅制会员服务的话，就需要按照一定频率发布内容。否则付费会员得不到满意的服务，就会对圈主失去信任，到期后就不会选择继续付费。

## 2. 付费课程

付费课程也分线上和线下两种。在线上，有些是单独一节课的形式，把它们叫作单课或微课。这类微课一般都会讲解一个知识点。

还有就是系列课的形式，系列课指的就是不只是一节微课，通常包含多节微课。比如说像罗辑思维、得到 App 里就有多位老师的课程专栏，都属于关于某个主体的系列课。还有像荔枝微课、千聊、喜马拉雅这些平台上，也汇集了各领域不同老师开设的系列课，大多都采用音频形式。

线上课程还有一种叫作训练营，这种方式通常除了有课程讲解，还有老师及助教专门带领学员去实践在课程中学到的知识以及方法，并及时给予点评或答疑等辅导。

关于线下课程的形式，主要也有两种。

（1）分享式的小型沙龙

主要以交流经验为主，时间一般不长，半天到一天。参与人数也不宜过多，通常控制在20人以内，便于大家互动。

（2）主题式工作坊

主要以学习获取知识技能为主，时间通常在2 ~ 3天，当然也有4 ~ 5天更长时间的，参与人数也不多，一般在30人以内。

总体上来讲，这些都算作知识服务，包括线上以及线下的方式。变现方式主要就是收取课程学费，或者说线下参加论坛的门票收入。

## 3.4.2 一对一高价值服务变现

这一类变现模式主要包括咨询或教练服务。通常这种服务形式是一对一进行的，是个性化的指导。这类服务对提供者的专业知识以及技能储备有非常高的要求。像心理咨询、健身私教、私人医生、商业顾问等是很典型的一对一高价值变现方式。

对于想从事这类的人来说，初入行者刚开始是最容易上手的，可以提供单次短时的咨询或教练服务。

（1）平台咨询

拿咨询师来举例，可以先借助一些平台，比如像分答或知乎，每个人都可以申请账号去回答平台上的提问，开始时免费回答问题，有一定积累及人气后就可以按次设定收费标准。还有在行这个平台，有各种咨询师在上面注册，公开发布自己的一对一单次咨询服务价格。利用这类平台的好处是，它们本身具有一定的流量，个人可以借助平台找到精准客户。

这类咨询方式通常是通过线上语音、电话或微信，每次一般是 30 分钟到 1 个小时，要么按次收费，限制在一定时间之内；要么按时间比如每小时收费。

除了线上语音，很多咨询者更倾向于线下面对面向咨询师求助。虽然线下见面的方式收费比线上要高，但沟通更直接，效果也比线上更好。当然线下见面对地域会有限制，基本上只有跟咨询师同在一个城市的客户才会选择见面，而外地客户大多选择线上沟通。

刚开始做咨询或教练初期建议按次收费，不要太在意客户咨询的时间是不是超时了，要尽量提供让对方满意的服务。这也有助于积累早期经验和成功案例。当获得越来越多的好评或积极反馈后，一方面为自己积累了经验，一方面也积累了口碑。潜在客户会更愿意相信和认可咨询师的能力，那个时候再按照时间比如小时收费，相对来说就会比较容易。

另外在初期，还要注意限定人群和问题，要分析哪些人群或问题是自己可以解决的，增加自己对咨询的可把控程度，然后再慢慢扩大边界。随着服务时间的积累，会越来越游刃有余，能服务的范围也会越来越广。

做单次教练以及咨询的成功案例越来越多后，就可以考虑推出长期私教服务了。长期私教的服务，一般是按一定的时间段，比如按月付费或按年付费等方式来提供私教服务。当然你也可以打包多次服务，比如推出 10 次一对一私教打包价，每次 1 个小时。

（2）项目制咨询

这种咨询通常是给企业提供咨询服务时常用的，我自己的咨询公司就为企业提供股权设计及激励等咨询服务，我们是按照项目的输出成果来定价的。

在做项目期间，我们并不会设定给客户提供多少次的服务也不限制时间，而是根据整个项目的需要安排上门访谈、做培训以及写方案、出协议等。这种项目制一般都会有个大致预估的服务时间，不过也不排除在预定的期间内企业遇到了某些特殊状况，可能就会延长时间。但这不会影响收费模式，我们依然是按照整个项目的输出结果来收费。

总体上来讲咨询以及教练式的服务，通常都是根据客户的需求进行一对一、个性化定制的。

对于大多数个人来讲，给企业提供咨询服务的机会可能并不多，更多的是针对个人的咨询服务。在为服务定价时，主要考虑服务时长就可以了，根据不同的时长和服务次数可以设计不同的价格。当然，每次服务的效果决定了客户是否会再次复购或选择长期服务。

对于少数有能力给企业提供项目咨询的人，则主要是根据实施结果来收费的。比如说提供营销咨询服务的，最后的产出可能是营销策略方案；提供人力资源咨询服务的，客户可能会要求提供绩效薪酬架构等的方案；像我们做股权咨询的，最后就要给对方提供股权协议及各种文本合同等。

### 3.4.3 外包服务变现

外包服务变现，也就是说客户想要什么就直接帮他做出来，与上一类咨询服务不同，不是提供策略和方案，而是直接帮客户做到想要的结果。

（1）自媒体的代运营

前几年微信公众号刚刚出来的时候，我的一个好朋友就辞职出来创业，主要的业务就是给一些企业客户做微信公众号代运营的服务。她当时一个人给两家企业做代运营，帮助对方策划微信公众号的内容定位以及每天帮他们发布相关文章。因为她是记者出身，有时候还会帮助客户去撰写原创文章。

（2）电商代运营

比如说像淘宝店铺的代运营、京东店铺的代运营等。通常这两种代运营服务是按照时长来收费，大部分都是按年度服务的。

（3）文案代写

有一些卖产品的商家，他们在新产品推出上市的时候就需要给产品写文案，如果公司比较小没有全职的文案人员，就会付费请兼职人员写产品文案，按照成果付费。

现在，越来越多的知识付费机构在推出课程的时候会根据上线安排，在课程推广期付费找专业的文案写手来写课程文案，以及各种设计类的服务，比如说海报设计等。

除此之外，设计类服务的市场需求很大，包括logo设计、手绘头像设计、签名设计之类的等。

还有更有趣的是，有一些朋友圈运营高手专门提供朋友圈文案代写的服务。因为越来越多的人开始经营自己的朋友圈卖东西，但他们不擅长在朋友圈输出内容，也会寻找一些文案高手帮忙代写或策划朋友圈的文案。

## 3.4.4 出版产品变现

出版产品变现，通常来讲就是当积累某种知识或技能到一定程度的时候，会有一些出版社主动来联系，邀请写书，这个时候就可以出书了。我知道很多人的梦想就是想出一本自己的书。

比如像我的一位私教学员瑞雪，记得当时第一次给她做教练时问她梦想是什么，她就提到如果能出一本自己写的书，会觉得非常有成就感。而且她非常喜欢写文章，也很擅长写作。于是我就鼓励她朝这个目标试试，当时我跟她一起理出了可能出书的方向，因为她是做售前工作的，有多年工作经验又是她擅长的领域，之前也写过不少该领域的文章，我觉得这就非常有可能成为她出书的主题。正好她也认识一些出版社的编辑，我鼓励她主动去联系，看看她们对售前这个主题是否有兴趣。结果出版社的编辑看了她准备写的方向和曾写过的文章，觉得她的文笔不错，很有兴趣，在一个月之内就跟她正式签订了出书意向。

（1）纸质书

纸质书，也就我们说的实物书，当然还有电子书。通过出版纸质书或电子书获得的收入一般也有两种方式。第一种是出版社一次性支付的稿酬，第二种是根据出版物销量，出版社按比例支付作者版税。如果选择第二种支付形式，书卖得越好，作者获得的收入自然也会越多。

（2）电子教程

电子教程，并不是出版社正式出版的产品，而是作者自己制作的电子出版物。比如说我第二次创业时，就在全球最大的一个手工类网站 Etsy 上面开了一个线上工作室。最开始出售自己手工制作的一些产品，后来我发现国外有人在卖电子教程，就是把怎么样制作包包等手工作品的过程用文字和图片的方式写出来，然后变成 pdf 格式文档直接在网上售卖。一份电子教程可以卖到 5 ～ 10 美元。我觉得这种商业模式特别好，就也开始尝试把自己的手工产品设计过程写成电子教程，在店铺里出售，一年时间里卖出过几百份。

通过这种方式，不需要辛苦地去做一个个实物产品，只需要设计出来一种款式，然后把它制作成电子教程就可以重复性地出售。虽然每份教程的售卖价格不高，但不需要制作、不需要打包也不需要快递，只需要把它上传到网上，有人付费自动就可以下载。这完全是一种自助式的服务，做好之后就不用再管它了。而它可以无限次地出售，利润率远比出售实物产品可观，卖得越多平摊下来的利润率就越高。电子教程的种类非常多，可以教各种人各种东西，包括教人怎么样做菜的菜谱、教别人怎样做衣服的纸样、教别人造房子的过程等，所有这些都可以把它变成电子教程。也就是说只要是别人不会又迫切想知道的，实际上都可以写成教程在网上进行出售。

### 3.4.5 广告变现

广告变现，即向第三方收费。对于个人来讲，完全可以在你的自媒体上卖广告。

自媒体也有几种，第一种是文字类型的自媒体，比如说微信公众号、头条等这些文字性的平台；第二种，是声音类的自媒体，比如说像喜马拉雅、蜻蜓 FM、荔枝 FM 之类的音频平台；第三种就是视频媒体，比如说像抖音、火山、西瓜等这类短视频平台。一般来讲当博主的粉丝积累到一定数量级别的时候，就会有广告主愿意付费投放广告。

比如大家最常见的就是微信公众号，早期是粉丝需要达到 5 000 以上，现在只要 500 个粉丝，就可以开通广告主，在自己的文章后面链接广告了。只要有读者点击文章内的广告，每点击一次，公众号的博主都会获得相应的广告收入。不过目前这种点击类广告的收入都比较低，每次点击只有几分钱。

如果通过写软文为品牌方或企业做广告的话，收费就不一样了。一般会根据博主的粉丝数量收费不等。像顶级千万级粉丝大号，当时的微信公众号头条软文类广告的报价可以达到 80 万元。

而音频和视频平台也是类似的，博主定期更新发布内容，粉丝达到一定量级，就会吸引广告主来付费投放广告。音频广告比较常见的方式是在每期音频节目的开始或结束的时候，博主专门口播宣传一下广告主的品牌或产品。视频广告一般则需要把广告主的产品或品牌融入自己的视频内容当中进行二次创作后公开播放。

## 3.4.6 IP 衍生品

IP 衍生品通常是跟个人技能高度相关的，一般是实物的形式。

比如我的一位私教学员 Cheer，她的技能是画画，已经出版了自己的书籍，并开设出很多期线上及线下绘画课程，积累了大量粉丝。除此之外，她还设计出相关的衍生品，比如画册、日历、手袋之类的实物，在上面印制了自己以及学员的绘画作品，向市场公开出售。她的很多粉丝及学员都愿意购买，销量也不错。这些产品就是基于她拥有的绘画技能衍生出来的，Cheer 就成功开发了衍生品进行变现。

再比如，某位形象管理方面的专家，除了可以给客户提供形象管理方面的咨询服务之外，还可以出售相关的产品。因为在帮助客户设计形象的过程当中，她发现客户还有其他需求，比如要去搭配合适的服装饰品、合适的妆容。当她积累了一定量的客户后，就可以选择代理服装等配饰，把产品一起向客户推荐了。而前期客户已经认可了她在形象管理方面的服务，也产生了一定的信任，当得知她也出售服装配饰，就有可能在她这里一起购买，省心又方便。

选择衍生品变现模式的关键是生产出实物产品，而获得的收入主要来自衍生产品的销售利润。这种变现模式可以作为很多知识付费类型的个人的其他收入来源。

第4章

# 自我挑战，从个人管理到公司化运作

# 4.1 自由职业是单干好，还是组建团队成立公司好

曾经有位一直是自由职业的朋友找我咨询，他说以前跟别人合作，但是还不如不合，出现过很多问题，感觉很难找到令他满意的合伙人。他觉得自己现在一个人干也挺不错，就是业务机会越来越多，需要处理的事情也多起来，有点纠结要不要组建团队。组建团队要找到合适的人，还得干很多他并不擅长的团队管理和协作方面的事，之前在公司里就是因为不喜欢那么复杂的人际关系才出来单干的。单干，确实又觉得一个人能做的事太有限，业务规模很难做大。

我问他："你想创多大的业，未来的梦想到底是什么？"

他低头沉思了一会儿，说："现在发展不错，还是挺想有机会做大的，如果可以融资就更好了。"

其实，我问他的问题是想让他好好想一想，到底自己想要做的是一番大事业还是一个可以赚钱的小生意。

如果只是做个能养活自己甚至还挺滋润的生意的话，完全可以自己一个人做；但要想干一番大事业，找合伙人组建团队是必不可少的。

再聪明再厉害的人也有不擅长的领域，马云的阿里巴巴不光有创始时跟他打天下的“十八罗汉”，还有后来从华尔街回来加入团队帮他做大版图的蔡崇信。

腾讯的马化腾有“四大金刚”，万通创业时有六君子，俞敏洪在新东方蒸蒸日上的时候请回了徐小平和王强，小米的雷军在一开始就花费心思找到其他七位各自领域的大牛做合伙人。这些重量级的企业家都选择与他人合伙创业。

有句话叫“独行快，众行远。”

在创业道路上，确实有单打独斗闯出了一片天地者，也有合伙创业却因利益纠纷而对簿公堂、反目成仇撒手散伙者。

但是那些成就一番大事者，无不是跟几个目标一致能同舟共济的伙伴一起闯出一片天地的……

所以，如果你很困惑：到底是自己孤身一人单枪匹马地干，还是与人合伙集体上阵打天下？

那就要仔细想清楚，创业到底想做到什么样的结果。

单干或合伙各有利弊。单干比较适合知识技能含金量比较高的专业人士，比如翻译、培训师等，这些工作其实是手艺活儿，完全可以自己接活单干。做得好的话，每年收入达到百万元级完全是有可能的。

如果你是想开家翻译公司或者培训公司，需要的就不只是技术性的专业工作了，还需要商业方面的经营意识和能力。有些人适合做技术，却不擅长管理公司，不适应跟员工、供应商、合作伙伴等各色人等打交道。这种类型的创始人要是开公司的话，最好还是找跟自己能力互补的人合伙，让别人帮助分担自己不擅长的事情，扬长避短，一起抱团发展更有前景。

总之，我认为小生意可以单干，但大事业要合伙。即使创始人有很强的经营意识，但每个人都不是全能的，总有不擅长的领域，要想做出一番大事业的话，个人单干发展到一定阶段还是要吸引优秀的合伙人加入，有助于公司不断增强核心竞争力，快速扩大事业版图。

# 4.2 比管理自己更难的是管理团队

“毅菲老师，我现在遇到了团队问题怎么办？原来我都是自己一个人做的，最近招了一个运营的同事。前两个月我们合作得还挺愉快，可是最近她开始对团队的发展和自己的回报有了新的想法。”

“那太好了，恭喜你又有了新的可以成长的机会。”我回答。

其实自由职业者在向团队转变的过程当中，大多会遇到这样的情况，尤其是习惯了单打独斗的技能专家类人士。

往往当他们做到一定的程度就会发现有很多重复琐碎的事情，希望能有团队帮助分担，这样自己就能腾出时间来做更有价值的事。于是开始招第一个团队成员，可能是兼职，也可能是全职。前几个月新成员慢慢熟悉了日常的工作，逐渐进入良好配合的状态。

如果加入团队的人没有什么大追求，只想有一份稳定工作，可能会比较容易满足现状。但如果对方有想法，希望看到未来前景的话，一旦熟悉工作之后就会反过来对创始人提出更高的要求。他们会对这份事业抱有更大的期待，同时也希望能够看到未来收入增长和个人成长的空间和机会。

团队问题，就是我在引言中讲到的五个阶段中的第四个层级最容易遇到的障碍。能顺利跨过去的自由职业者会进入第五层级，跨不过去这个坎儿的人，可能会退回到第三层级，也就是原来自己最熟悉的个人单兵作战的状态。因为那样最舒服，自己没有任何压力和负担，想怎么做就怎么做，可以随便发挥，更不用考虑别人。

有了团队，情况则完全不同。创始人不光要为自己负责，还要为团队负责，甚至要为每个团队成员的成长负责。一个好的领导者要能让员工看到未来，并能带领团队实现目标。企业要想发展，就不仅要为外部客户创造价值，还要为内部员工创造价值。对于个人能力更强的自由职业者来讲，这并不容易，从个人到团队阶段的跨越确实是不小的挑战。

而且到了团队阶段，选到好的成员非常重要。作为创始人，你期待的是平庸的团队还是优秀的团队呢？

平庸的团队成员可能很听话，除了基本工作之外却很难为团队创造出额外的贡献。优秀的团队成员往往不容易满足，总想挑战更高的目标，也期待更多的个人回报。

大多数领导遇到不如自己的成员时，会很安心也觉得更容易掌控，遇到能力更强的成员则会觉得有压力，不知道该如何跟对方相处。

其实换个角度来看，优秀的团队成员就是倒逼我们自己快速成长的贵人。创始人更需要进行角色的重新定位和转变。原来自己是技能专家型人才，自己一个人就能干活，现在则需要组建团队，充分发挥团队成员的能力，互相协作带领团队做出结果，这需要的是跟原来完全不同的管理能力。

最后，那些成功进入团队作战阶段的自由职业者实现了一次巨大的个人飞跃，也将会参与更大的商业市场竞争。

# 4.3 组建你的梦之队

“我们要盖楼，季琦有激情，能疏通关系，他就是去拿批文搞来土地的人；沈南鹏懂资本，他是去找钱的人；梁建章懂 IT，能发掘业务模式，他就去打桩，定出整体框架；而我来自旅游业，善于搅拌水泥和黄沙，制成混凝土去填充这个框架，楼就是这样造出来的。”

梦幻创业团队，携程四君子之一的范敏打了这样一个比喻来形容当初四位创始人的定位。

携程可以说是中国互联网历史上的一个奇迹，其中重要的成功因素之一，可以说是组建了一个超级团队。

1999 年，互联网热潮席卷了整个世界。毕业于上海交通大学的季琦由于工作关系认识了梁建章，成为好朋友，他们经常在一起聊天，后来有了一个做网站的想法。

季琦非常有经商头脑，在交大学习时就抓住了机会，成为卖计算机的专业户，毕业后就成立了自己的公司。

梁建章小时候被人称为“大头神童”，在 13 岁的时候就用电脑写出过程序，15 岁跳过高中，直接进入复旦少年班，然后赴美留学。硕士毕业后，顺利进入美国的甲骨文公司工作。

两人有了创立网站的想法之后，觉得应该再去找一个有资金的人。于是他们想到了一个共同的好友——沈南鹏，当今中国知名的风险投资教父，红杉资本全球执行合伙人。

沈南鹏跟季琦是大学的同届同学，又跟梁建章在美国相识。他是中国最早一批在美国华尔街的金融从业者，早就在美国感受到互联网来临的大潮。所以当季琦和梁建章找到他，提出准备做一个旅游网站时，沈南鹏迅速决定加入。

于是季琦和梁建章各出资 20 万元，沈南鹏出资 60 万元，携程旅行网就这么成立了。但是虽然三个人背景能力互补，他们仍然觉得团队里还缺少一个真正懂旅游的人。

后来他们遍访上海旅游界能人，最终找到了范敏，同为交大毕业的校友，还在瑞士进修过酒店管理，正是三人心中合适的人选。经过季琦无数次的软磨硬泡，范敏也决定加入携程。于是携程四君子的超强创业阵容形成了。

从某种意义上来说，创业团队确实对创业成败具有决定性的作用，所以不论是风险投资人还是创业者，都对此高度重视。创业团队不同于一般团队，高度强调“共同的愿景”“失败的可能”，以及“团队成员的互补性”。

天使投资界有个理念，“早期投资就是投人”。他们信奉如果选对了人，就成功了一半。三流的业务遇到一流的团队，可能也会成功。但如果选错了人，即使有个好主意，哪怕是一流的商业模式要是遇到三流的团队，在执行过程中可能会错误百出，反而会一事无成。

### 1. 硅谷创业团队模板

关于创业团队的构成，有一些公认的模式，比如说硅谷的三人组合模式。在英特尔的辉煌创业史中，诺伊斯、摩尔和格鲁夫三人团队合作的故事广为传颂。

现代管理学之父彼得·德鲁克在《管理的实践》一书中描述了一位理想的 CEO 应该具有什么样的特质。他说完美的 CEO 应该“三人合一”：一个善于对外交往的人、一个善于思考的人和一个善于行动的人。

恰好英特尔的三人核心团队中，诺伊斯是对外的人，摩尔是思考的人，而格鲁夫是那个行动的人。英特尔大获成功之后，现代的创业公司或多或少都借鉴了这种模式来组建核心团队。可以说他们给硅谷所有的新创企业设立了一个模板。

后来创业者普瑞尔·萨拉伊基于自身的创业实践与观察，在 2015 年提出了创业团队的 3H 模式，则更符合现实中的创业团队构成。

在他看来，一个成功的团队，这三种人缺一不可：

（1）技术领袖

是掌握变革性技术的人，保证技术研发，类似于产品负责人。

（2）精神领袖

能够有强大的坚定不移的愿景，不断鼓舞团队的士气。

（3）执行领袖

是出色的交际者，对内能增强团队的凝聚力，对外能与各色客户进行有效沟通，使产品价值成倍放大，类似于市场负责人。

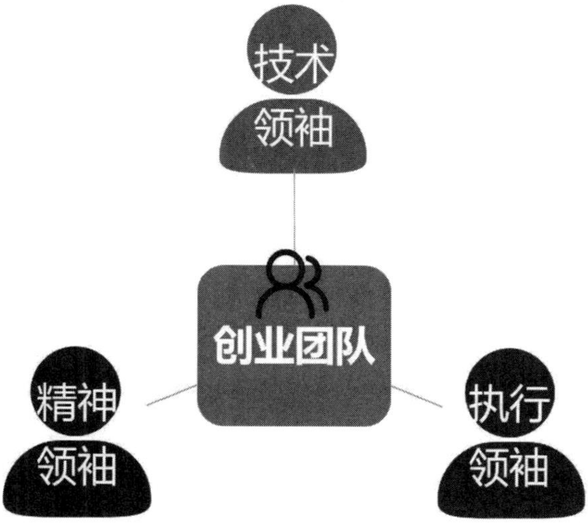


3H 模式和彼得·德鲁克的“三人合一”观点不谋而合。

其实这正表明了组建创业团队的关键，就是互补性，每位成员能否在能力上形成互补，会有助于强化团队之间彼此的合作，又能保证整个团队的战斗力，能更好地发挥团队 1+1>2 的作用。

为了保证团队成员能够顺利地开展各项工作，可以预先在团队内进行职权的划分。正如腾讯五虎将一样，每人各司其职，明确每个团队成员所要承担的责任以及所享有的权限。这样就能避免职权的交叉和重叠，也能避免因无人承担而造成工作上的疏漏。

## 2. 创业团队的特点

创业团队不同于一般团队，它是在企业初创时期建立的，目的在于成功创办新企业，是一群为共同创业目标和愿景而奋斗的人所组成的特殊群体。一般团队的组建只是为了解决某类或某个特定的问题。

创业团队有以下几个特点：

（1）开创性

创业团队的目的是为了开创新的企业，而不是去执行某个既定的目标，往往意味着开发新的技术，开拓新的市场，应用新的经营管理思路，创建新型的组织形式。

（2）组织的变动性

在创业过程中，创业团队的人员构成和组织架构都经常变动。

完美的创业团队并非在创业一开始就能建立起来，很多时候是随着企业的发展逐步形成的。

因为创业早期，企业仍在探索商业模式和迭代试错的过程当中。包括团队成员的分工，也在不断地磨合和调整。

团队组建时的人员匹配、制度设计、职权划分等方面的不合理之处会逐渐暴露出来，这时就需要对团队进行调整，因此，团队的调整融合也是一个动态持续的过程。

（3）能力结构的全面性

创业团队面对的是极其不确定的市场环境，机遇和风险并存，这就要求创业团队具备一定的素质，对机遇有较高的敏感性，因而创业团队成员应该各有所长，能够互补。

（4）紧密协作性

在早期创业过程中，市场不明确，风险和机遇可能随时来自任何方面、任何时间，这就要求创业团队不可能完全按照事先分工的方法来进行工作。

当机会来临时，创业团队需要随时组成能打仗的高效紧密团体，抓住机遇，面对挑战。

（5）高凝聚力

创业团队能够最大限度地施展个人能力，一旦成功就意义非凡，能够最大化实现个人价值。

同时，团队成员之间关系平等、合作紧密，共同创造的氛围浓厚，这就使创业团队拥有很高的凝聚力，团队成员也有极强的归属感。

好的创业团队还要达到高效性和稳定性。

要想达到高效性，要满足以下几个原则：

人员互补，分工职责明确，团队动态调整。

### 3. 去哪里找人

有好多位自由职业者都曾问过我，到底到哪儿去找合伙人呢？他们都觉得找人好难。的确，找到合伙人确实不易。找到合适的合伙人可以说跟结婚找伴侣一样，没那么容易，像小米的创始人雷军在创业初期 80% 的时间都是在找合伙人。

一般来说，创业早期，找人主要是从身边的人开始，同事、同学、朋友、亲人之类，再者就是身边的人转介绍。像一些跟我咨询过的个人 IP 都已经在自己所在的领域有一定影响力了，也做自己的课程或者是社群，那就完全可以考虑从学员或者社群成员里物色。

开始的时候当然不是一上来就成为合伙人，而是先从合作开始。可以先发招募启示，发布你的用人需求，比如作为 IP 助理或者营销推广、社群运营之类的，先工作一段时间，看看对方的工作能力和意愿度，同时也要检验大家的价值观是否匹配，不断磨合，提升配合默契度。

也就是说要把你要招人的信息准确地传递给身边的人非常重要。只要你的人品不错，事情也靠谱，一定会有人申请，亲朋好友也会向你靠拢或帮你推荐。

合伙人团队就像结婚，别着急，先谈恋爱再谈婚论嫁，给足大家时间和空间，未来的结合才会比较稳固。先用人，再判断是否合适成为合伙人。

为了保证创业团队的稳定性，可以优先考虑之前就认识或共事过的团队成员，比如腾讯创始团队的五人中四人都是中学同学，另一人也是工作时的同事。这种已经熟悉或产生默契的团队比首次合作的团队有更大的优势。

# 4.4 如何吸引如虎添翼的合伙人加入

那作为创始人，如何才能吸引到优秀的团队成员呢？

其实无论是有品牌的大公司还是小企业，都想吸引优秀的人才。前者实力雄厚，相对来说比较容易做到。

可对于一家刚起步的初创小公司，很难开得起有竞争力的基本薪酬，更不要谈品牌等其他优势了，普通的人才看不中，优秀人才又很难吸引，该怎么办呢？

这里给大家一套三板斧模型，用这个思路跟对方沟通，可能会帮助你吸引到合适的人才。

### 1. 第一板斧——分享愿景

愿景（vision）就是一个公司对未来图景的描绘，具有指引公司长期发展方向的重大意义。

阿里巴巴的愿景是“让天下没有难做的生意”。Facebook 是“连接全世界”。

分享愿景就是创始人把这个远大的理想传达给希望吸引的人才。很多时候优秀的人才愿意加入你的团队，其实是希望跟着你一起成就某项激动人心的事业。

优秀的公司创始人就像一个布道者，要不断把梦想和愿景传递给身边的人，让他们充满希望并深信能够通过大家的努力一起去实现它。伟大的愿景有凝聚人心的巨大魅力和能量。

像苹果的乔布斯和阿里巴巴的马云都是非常优秀的布道者，他们会在各种场合创造机会向团队、合作伙伴以及客户等描绘公司的美好未来，尤其是在公司最困难的时期，大家最需要的就是坚持下去的信念。

每个大企业都是从小企业发展成的，即使是小公司的创始人依然可以发挥愿景的力量。早期的阿里巴巴就是靠马云强大的愿景描绘的能力吸引到蔡崇信这样的顶尖人才。越是优秀的人才越在乎未来。

### 2. 第二板斧——分享利益

分享利益，其实是创始人跟团队成员传递的一种信号，公司很在乎他们，愿意把未来的成长以及所获得的收益跟团队成员共享。

物质基础是必须要有的，任何人选择一份工作都会考虑经济回报，这是创始人不容忽视和回避的地方。

对于初创公司来讲，在基本薪酬上很难跟大公司去竞争，就更要让员工看到增长空间和可能性。

举个例子，如果底薪比较低，每个月只有两三千元的固定薪酬，那浮动的部分就应该有更大的空间。往往大公司固定底薪高，浮动的空间也有限。而小公司更依赖团队成员的个人能力，可以在浮动薪酬部分根据个人绩效和对公司的贡献给予更多回报。

越是优秀的人才越愿意挑战自己，对自己的能力更有自信，期待按能力获取酬劳，愿意接受更具弹性的薪酬结构。如果创造得越多，就希望能赚得越多。能力强的人在小公司的收入可能远远超过大公司的薪酬。

除了薪酬部分，对创始团队的成员，还可以用更有想象空间的股权来吸引人才。这也是创始人愿意跟团队成员分享公司未来成长收益的表现。

小米公司的创始人雷军的理念就是“要和员工一起分享利益，尽可能多地分享利益”。小米刚成立的时候，就推行了全员持股、全员投资的计划。

小米最初的 56 个员工，全都持有公司的实股股份，后期进入的员工也都拥有期权。

2019 年小米成功在香港上市，从财务回报上看，即使是第 50 个或第 100 个加入类似于小米这样的优秀公司，获得的财务回报都比自己非常辛苦地创业高得多得多。

我们现在提供咨询服务的很多拿到融资的公司也是采用股权的方式来吸引创始团队的核心成员。当然股权的风险会更高，但回报可能也更大。

### 3. 第三板斧——分享价值

价值是人才在乎的东西，也就是他们希望能从团队中获得的东西，包括物质和精神两方面。每个人在选择工作的时候，都有自己的个性化诉求。

有的人注重金钱回报，有的人注重团队的氛围，有的人注重工作的时间，有的人注重工作中学习成长的机会，大家的愿望各不相同。在吸引人才的时候，我们要清楚了解他们到底想要的和最在乎的是什么。

即使是小公司，如果看重人才，愿意满足不同的个性化需求，也会吸引到各种优秀人才。而创始人愿意花时间去了解每位成员的需求，本身就是尊重人才的表现。就算眼下公司可能还无法满足大家的期待，但只要大家共同努力，就有可能逐渐创造出更多价值。

所有伟大的公司都是从小公司起步的，没有完美的开始，只有不断的创造和接近完美的过程。

分享愿景、分享利益以及分享价值，就是小公司能够吸引人才的三板斧。

# 4.5 愿景的力量

无论对于个人还是创业公司，愿景的作用都是至关重要的。

（1）愿景让你吸引到对的人

一个清晰的愿景意味着别人知道你要往哪里去，这将有助于他们判断和选择，是否要加入你的团队，跟你一起并肩作战多久。

总之，清晰的愿景会让你和团队更有动力持久地走下去。

愿景也代表了创业初心，就是为什么创业，将在底层逻辑上决定你是否需要团队以及需要什么样的团队成员。

要是创业想干番大事业，需要长时间的打拼，那就一定需要团队。当你确定需要团队后，就要思考希望他们具备哪些特质和能力。

我把它叫作团队成员画像。这个画像越清晰，越有助于你找到合适的人，更有助于你跟未来的团队成员的相互配合。

大家都读过《西游记》吧，事实上，唐僧的愿景是去西天取经，可是此行要历经磨难、路途艰辛，所以为了实现梦想他组建了自己的创业团队。

虽然每个人的特长、个性、能力都不一样，但仔细区分，其实我们可以把团队中成员的角色分为几种不同的类型。

通常可以运用两个维度来划分。第一个维度是忠诚度，即团队成员对组织忠诚与否，按从低到高的级别予以划分。第二个维度是能力或者绩效水平，也是从低到高划分。这两个不同的维度形成了四个不同的象限。这四个不同的象限就代表了四种不同的类型。

象限一：这类人的能力很强，而且他们对公司和团队非常忠诚，就像西游团队中的孙悟空，虽然孙悟空在早期对取经的态度不是很积极，但后期他对取经大业是完全忠诚和认同的。同时，孙悟空的能力也是毋庸置疑的。他在这个团队中既有极强的能力，又是一名非常忠诚的团队成员。

象限二：这类人的能力很强，但是忠诚度有限。在《西游记》中，这个角色就是猪八戒了。八戒的能力还算是过关的，不然他也不会官至天蓬元帅。但八戒对取经这件事的认同度很低。只要一有机会或者稍遇磨难，他的第一反应就是回高老庄。这种员工的能力是团队所需要的，我们要通过他的能力来达到团队的目标绩效，但是我们不能依赖他的忠诚度。

象限三：第三类员工的忠诚度不用怀疑，但是这类员工的个人能力非常有限。《西游记》中的沙僧就是这样的人。他非常忠诚、任劳任怨，但是其能力确实有限。基本上每次和妖精的对阵中，他都会败下阵来。他经常会说的两句话就是“大师兄，师傅被抓走了”和“大师兄，师傅和二师兄都被抓走了”。这样的角色在团队当中也一定存在。他缺乏足够的能力，但是他对团队忠心耿耿。

象限四：这个象限的人，能力有限，同时忠诚度也很低。这样的人一般在团队中的生存空间非常小，甚至不会被招入团队中，即使意外地让他进入了团队，也会很快被驱逐出去。

所以《西游记》中，唐僧的三个徒弟分别来自前三种类型，这三种类型就可以涵盖团队里所有的员工。

像上一节中的梦之队 3H 模式，每一位核心合伙人都来自第一象限，这种团队可遇而不可求。像雷军这样的牛人才有资本和能力吸引到那么多重量级的合伙人。

而大多数普通人创业，早期不一定执着于能力这个维度，有时候忠诚度更重要。大家只要掌握这样一个团队矩阵，就可以清晰地看出团队成员的结构，知道团队需要哪种类型的人。

（2）愿景让每个人不掉队

一个清晰的愿景意味着团队中的每个人都知道他们要去的方向，这将有助于他们判断自己是否在正确的轨道上前进，是否需要调整方向。

（3）愿景帮助团队做出正确选择

明确的愿景可以帮助团队进行权衡事项的优先级。在沟通决策时，管理者也应该与愿景紧密联系，以达到最优的效果。

团队需要基于愿景制定公司的发展战略，并分解成可实现的短期目标。

这个过程最好是创始团队共同参与制订，大家各自提出自己的想法，并最终达成共识，形成具体的可执行的发展路径。团队不像个人，自己想好了干就是了，团队需要经常沟通，让大家不断明确走每一步的价值以及如何走得步调一致，保证公司稳步快速地向前发展。

# 4.6 没谈好散伙的合伙都是耍流氓

美国硅谷智库曾统计了 101 个新创公司的失败，得出了 20 个最常见的原因。

其中盈利模式的错误设计，产品无实质需求导致企业失败占 42%，现金流管理不善占 29%，团队问题占 23%，这三项是创业失败的三大杀手。而大多数初创团队的问题又因为“分配不均”，也就是股权问题分崩离析。

所以，如何更合理地激励创业团队，能否解决好这个问题，甚至直接关系到创业企业的存亡。

当然，大部分的初创团队很难像雷军一样有强大的号召力，在创业初期组建一支超豪华阵容，以及吸引到众多愿意为之奋斗的优秀员工，这样的创业团队毕竟是极少数。

大部分初创团队的成员实际上也就是几个核心合伙人了，早期解决好合伙人之间的股权分配问题就是关键。

### 1. 核心团队的股权架构

股权分配本质上反映的就是每个团队成员的贡献大小。可是创业团队在初期很难衡量到底每个人对于整个团队的贡献究竟会有多大。

大家常采用的办法就是根据出资比例来分配股权，结果往往会发现，大部分时候都高估了资金的贡献。

比如有的成员出资比较多，但是并未在这个创业团队中全职工作，却分配了较多的股份，而其他全职工作的合伙人，出资不多占的股份也偏小。

正式开干一段时间发现事业前景不错，可是结果却是全职工作的股东出了很多力，分到的利润却只跟出资比例有关，跟贡献度并不匹配。

显然这种分配方式并不合理，时间长了，出资较少却出力最多的合伙人势必出现心里不平衡的状况，可能结局就是出走单干。

那应该如何分配会比较合理呢?

我的合伙人坤哥总结出的三股架构法，就是帮助创业合理分配股权的好工具。

首先，创业企业的三大关键要素是人力（团队）、资金和资源，相对应的三股，称作人力股、资金股和资源股。可以分别为这三类股设计一定的权重。

人力股评估的规则是贡献，谁的贡献大谁就应该分得多。但人力股，是股权架构设计中的核心，也是最让人头痛纠结的部分。

通常人力股的权重区间可以为 30% ~ 80%，具体的比例则依商业模式、资金需求，以及团队成员而定。

一般来说，轻资产、高科技、互联网等为人力导向型的创业项目，人力股占比可以在 50% 以上。而重资产、重资源类的创业项目，人力股占比在 50% 以下，比如可以在 20% ~ 30%。

资金股比较简单，通常是按照出资比例，金钱面前人人平等，谁出钱多谁就占股多。通常资金股的权重可以在 20% ~ 50%。

而资源股是指哪些，对于初创公司来讲，是指给公司的成长提供不可或缺的支持和帮助的人或机构。

但是资源股也最容易成为忽悠大师，拿着股权却没实际的贡献。所以资源股的分配，要仔细地评估和衡量。一般来说资源股权重可以在 10% ~ 30%。

| 要素 | 权重 | 参考区间 |
| --- | --- | --- |
| 人力股 | X% | 30% ～ 80% |
| 资金股 | Y% | 20% ～ 50% |
| 资源股 | Z% | 10% ～ 30% |
| 合计 | 100% | |

举个例子：

比如说一个设计公司的创业团队，创始员工一共有三人（A、B、C）全职工作，A 出资较多，为 30%，B、C 出资比例均等，各为 15%，三人共占 60%，另有一位出资人 D 为纯财务投资人，不参与日常管理，出资比例为 40%。

A 为 CEO，B 主要负责设计和项目执行，C 主要负责市场和客户。

该团队没有引入资源方，所以资源股为 0。

这种设计类型的公司是典型的依靠人力的轻资产类型的公司。假设他们的三股权重也就是人力股、资金股的权重分别设定为 80%、20%。在人力股中，根据三人的职位，大家达成共识，贡献度也按出资比例来分配。

所以根据三股架构法，可以得出以下股权分配的比例。

| 三股 | 权重 | 股权细分 | |
|---|---|---|---|
| 人力股 | 80% | 全职团队 ABC | A 40%<br>B 20%<br>C 20% |
| 资金股 | 20% | ABCD<br>共计 20% | A 30%×20%=6%<br>B 15%×20%=3%<br>C 15%×20%=3%<br>D 40%×20%=8%<br>共计 20% |
| 资源股 | 0 | | 0 |

最后根据上述方法计算得出，该设计公司的股份比例为：A 占股比例为 46%，B 占 23%，C 占股比例为 23%，D 占股比例为 8%。

（注：ABC 三人的人力股分配比例最好由整个创业团队达成共识，这里只是给出参考）

这种三股架构法相对来说比较公平，不会过高估计资金股或资源股带来的作用，能够有效地激励人力股也就是创业团队全职股东的积极性，保证创业团队能够平稳地走下去。

当然，随着企业的发展，创业团队成员可能会有很大变动，贡献度就会有不同。股权也不应该是一成不变的，应该动态调整才能持续不断地激励员工。

### 2. 股权分配机制的要素

好的初创团队股权分配机制应该遵循以下要素：

（1）公平

对于创始人来说，不患寡而患不公，一碗水要端平，要公平地对待所有因为相信你而加入进来的人，不管是早期加入的合伙人还是后来加入的合伙人，还是已经离去的合伙人，要让大家得到应该有的利益和权利。

（2）可进可退

让有能力的人随时可进，让想撤退的人随时可退，让不合适的人随时下岗，建立一套合理的机制筛选和留住人才。

（3）体现多种要素的价值

创业不仅仅是钱，还有人力投入的时间和专业技能，带来的专利技术、人脉资源等都是关键重要的创业元素，能够体现量化各个要素的价值才能鼓励成员为公司带来更多资源，越是稀缺和重要的资源要给越高的权重。

（4）体现阶段性的成果

合伙人的股权不是一下子到位，而是随着公司的发展逐步分批落实，创始人也不例外。公司达到一个里程碑后，合伙人前期所冒的风险在股份的权重上要体现出来。后期加入的合伙人创业的风险有所减少，股份权重会随之降低。

（5）回购和退出机制

对于早期仅投入资金不参与实际运营的合伙人，可以设立一定的回购和退出机制，为实际参与经营的人腾出更多空间；创业中想要退出的合伙人也约定好一定的退出机制，保障双方的权益。

（6）要有可操作性

股权协议要有可操作性，不能过于复杂。

总之，创业团队的股权分配要尽可能公平，能够动态地反映各合伙人的贡献，才能凝聚起一群人，一起做大蛋糕，未来股权才有变现的可能；否则，因为各种问题导致创业无法为继，股权的价值也就失去了意义。

像著名的 3G 资本帝国就是设计动态机制的高手，从创始人雷曼的第一家公司加兰蒂亚起，他就意识到动态股权的重要性。

早期为加兰蒂亚提供资金的创始人阿道夫在一开始就说，他只看重赚钱，无心工作。两三年后，公司团队逐渐成长和壮大，大家逐渐开始对不对公司创造利润的股东不满。最后雷曼迫使阿道夫做出选择，是工作还是离开？阿道夫最终同意卖掉自己的股份。

加兰蒂亚坚持“合伙人必须工作”，为了不断将加兰蒂亚扩大，保持持续增长，雷曼持续招揽贤才，并把公司的股份卖给最优秀的员工，然而为了给新人腾出位置，就必须有老员工离职。

在加兰蒂亚几乎所有持有股份的元老，一旦对公司的业务失去奋斗的热情，就会被劝退，雷曼需要这些股份来分给新人，只有携带大量氧气的新鲜血液不断涌入，加兰蒂亚的心脏才能充满力量。他们真正发挥了动态股权带来的积极作用。

总体来讲，关于动态股权，可以是先总体划分股权池，设计关键的里程碑时间节点，然后根据各位创始合伙人具体的贡献再分阶段、动态调整分配股权。

当然股权设计也涉及人性的方面，需要创业者把握好尺度，分配得不合理，就很难调动每个人的积极性。

机制设计合理后，创业团队就可以心无旁骛地踏上新征程，翻开创业的新篇章，朝更大的商业市场进军了。

# 后 记

本书的构思及起源都来自2018年的一次线下社群活动，当时还在老东家诺亚财富负责创业营的工作，我参加的一个写作社群组织学员见面，邀请我做分享嘉宾，分享一下关于创业的主题。那次活动后，我发现有太多“90后”的年轻人想要实现个人价值，想要主宰自己的生活和命运，跟“70后”“80后”想在大公司工作当白领、金领大为不同。这也引起了我后续很多思考，最终引导我走上这条亲自尝试实践和酝酿此书的道路。

记得当时活动后，做画画训练营的90后女生文清找我咨询。她那时还在公司上班，边工作边兼职给自己打工，副业就赚到了十几万元。

可是，那时的她很纠结，问我到底要不要全职出来创业？

我问了她几个问题。

我：“自己做跟给别人打工对于你来说最大的差别是什么？”

她：“自己的画画训练营开出来有很多学员的反馈，让我有巨大的满足感。”

我：“如果不赚钱，让你做这个事你愿意干吗？”

她：“对哦，能赚到钱对我是很大的激励。”

我：“如果不创业，继续工作的话，你会怎么样？”

她：“继续工作的话，自己不甘心，我过往的经历，只要是给别人打工就只能发挥出30%的能力。但是自己做却热情高涨，总是能发挥出超常的潜力。可辞职创业似乎又下不了决心，害怕失去目前工作的保障，万一创业不顺收入上也会大打折扣。”

我：“现在你一个人做可以赚到不错的收入，更像是自由职业者的状态，而且是工作之外额外的收入，如果辞职，你觉得最坏的状况是什么样的？”

她：“招不到生，公众号的粉丝也没有增长，没有钱赚。”

我：“如果这样的状态出现，你愿意为此最多坚持多久？”

她：“半年。但这样的状态应该不会发生，全职创业应该会比我兼职的状态更好，我其实并不担心赚钱的问题。”

我：“为什么呢？你做这件事的优势是什么呢？”

她：“我是学平面设计的，有画画的功底，所以当初自己边自学水彩边在朋友圈打卡，就逐渐吸引到一些想学画画的小伙伴，愿意付费给我跟着我一起学画画。其实有很多会画画的人想做微课都没做出来，我却能让别人愿意付费。后来还有一些做得没我好的同行专门报我的课，就是想看看我是如何做的，还有人跟我咨询如何做自己的微课和训练营。”

我：“那你设想一下，如果全职创业三年之后希望做到什么样呢？”

她：“我希望能招到2 000个付费的学员，可以成为像Alice那样的老师。”

……

后来她说：“毅菲，我知道了，之前我很纠结，接下来我要去找 Alice 当面请教，我想像她一样成为很棒的老师，过上自己想要的生活。可以教一段时间课，再去旅游一个月。”

其实创业本身就是一个不断做选择题的过程，别人给的建议，远不如自己做出的决定，无论哪个选择都可以，没人知道下一步会怎样，重要的是你需要为自己找到那个继续走下去的理由。

如果正在看此书的你也有类似的困惑，以下几个问题你需要想清楚：

1．你为什么想创业，必须得创业不可吗？你内心深处最大的动力是什么？

2．你具备了哪些特质和技能，你有什么样的优势支持你在一件事儿上可以变现，你是否在这件事儿上具备比别人更大的优势，能够支持你持续不断地变现？

3．如果你不在意短期之内收入不多甚至没有收入的状态，你可以坚持多久，你愿意为创业这件事儿投入多少时间、精力甚至是金钱？

4．你能够承受的风险到底有多大？如果你需要一份稳定的收入养家糊口，那眼下是否是合适的时机？

5．你做的事儿有没有成长空间？能否扩大规模？

6．当规模逐渐扩大的话，有没有人愿意加入你的团队跟你一起做，你带团队的能力如何……

其实，创业就像打游戏升级，你迈出了第一步，打赢了第一关的 Boss，是不是有勇气继续升级，面对新的挑战，不断升级自己的装备和技能。

没人能够保证你能一路顺利直到打通关，你是不是有强大的心脏承受后面也许过不了关又要重新开始的沮丧，甚至如果一直停留在第一关怎么办，你能找到破解密码吗？

创业本质上可以说是一条面对真实的自我之路，你需要面对的问题和不确定性会很多，一定要好好想一想，当不确定性和压力来临时，你是更容易兴奋还是更容易放弃。眼下的顺利不代表未来的顺利，眼下的不顺也不能说未来就不顺，很多创业者都是在看不到曙光要放弃的时候坚持了那么一下就赢来了新的转机，支撑自己继续再走一程。

如果最后你说愿意面对未来的不确定，并为此也愿意承受一定的风险，而且愿意全身心投入一段全职时间（建议最好给自己设定一定的期限，比如一年），那么恭喜你，至少你有一定的心理准备，可以跨出创业的第一步。

但是也正像那次社群活动中另一位已经开了珠宝设计室的创业者罗罗所说，“即便踏进来了，每天还是会面临新的问题和挑战。”

是的，这就是创业的常态，创业并不会给你带来绝对的时间自由，但绝对会让人快速成长，会锻炼你做决策的能力，也会让你更加真实地面对自己，你也将借由创业这件事儿体验更丰盛的人生。

创业其实也没那么难，只要开始行动了，一切就有可能发生。每一个行动都会影响最终的结果。遇到困难不要待在原地停滞不前，积极寻求他人的帮助和支持，跟别人互动，可能就会给你带来新的灵感。

在此，我也借机感谢多位朋友，我咨询公司的合伙人坤哥、王丽、宋博、育岩，在这一年跟大家并肩作战的过程中，我对创业又有了更多新的学习和思考。

同时也感谢创问教练机构曾邀请我做过多次关于个人商业模式的主题分享，我也因此接触了大量有教练和咨询技能的人，为我提供了观察的视角和咨询机会。

更要感谢我的妈妈，她在六十多岁依然充满活力，是我最好的人生榜样。早期她在火山每天坚持发布原创视频的精神鼓舞着我，她让我看到，即使是年过半百也有追求美好人生的权利。帮助她实现价值变现的过程也是我最好的个人咨询案例，为我总结本书中的理论和方法提供了真实有效的实践依据。

也要感谢我的先生、女儿、爸爸以及公公婆婆，在这段创业的日子里，无论是生活中的帮助，还是在精神上的鼓励和支持，都是我生命中重要的财富。